相手を変える
習慣力

コーチングのプロが教える、
相手の潜在意識を味方につける方法

三浦 将
SHOMA MIURA

クロスメディア・パブリッシング

はじめに

　自分のまわりの人たちに対し、なぜかイライラしてしまう。
　なぜこういうふうにしないのか？できないのか？
　相手を変えたい。変わって欲しい。
　こちらの思いとは裏腹に、一向に変わろうとしない人たちに対する不満は募るばかり。

　そして、その人たちを変えることができない自分にも、モヤモヤとしたものを感じながら、そんな自分自身のこともあまり認められないイヤな状態。
　こんな状態にある人も多いと思います。

　私たちのまわりにいる人、親、兄弟、妻、夫、子供、友達、知り合い、ご近所さん、上司、部下、同僚、先輩、後輩、ビジネスパートナー、クライアント、師匠、生徒さんなどなど、これらの人は、お互いの関係が、人生や仕事に大きく影響し合う人たちです。
　そんな中、近いがゆえに、お互いの要求も厳しくなり、依存や甘えも起こったりもします。そして、お互いの良いところだけでなく、変わって欲しいところも見えてきます。そして、変わって欲しい態度や行動は、むしろ、その人の良いところよりもやたらと目についたりします。また、相手の話を聞いている最中も、「この人のこういうところ、何とかならないかなぁ」などと思ってしまうことも、頻繁にあるのではないでしょうか？

　相手を変える力とは、人を動かす力であり、影響力でもあります。
また、質問の技術や、褒める技術など、このようなことについて書か

れた本は多くありますが、コミュニケーション的な技術を身に付けただけでは、目の前の相手は一向に変わらない、という経験をお持ちの人も多いのではないかと思います。

　そんな中、まわりの人々に大きな変化や影響を自然にもたらす人がいます。このような人たちは、どんなことを考え、どんなことをしているのでしょうか？
　そんな力を自然に発揮できるような人たちには、発揮するために習慣にしていることがあります。
　このような習慣を自分も得ることができたら……

　私が普段行っている研修講師やメンタルコーチという仕事は、相手に変化をもたらすことを成果として求められる仕事。とてもやりがいがある仕事であると同時に、非常に短い時間で、そういった高い成果が求められる仕事でもあります。
　研修やコーチングのプロとして、これまで何万人単位の人たちと交流することを通して、目の前の相手が、自然に変化していってくれるために本当に必要なことがわかってきました。

　一方、「そういうことには、カリスマ性が必要なのだろう」と考える人もいるかもしれません。しかし、相手を変えることができる力は、いわゆるカリスマ性の問題ではありません。これは断言できます。私のプロとしての経験から、この力は誰でも持ちうる力であると確信しています。

　キーワードは、「潜在意識」と「習慣化」です。
潜在意識を味方につける習慣化によって、あなたも無理なく、自然

にこの「相手を変える力」を身に付けることができるのです。

その構造を簡単に言うと、

あなたの習慣が変わる　⇒　それによって、相手の潜在意識に影響を与えることができるようになる　⇒　相手が変わる

という流れになります。

この本は、メンタルコーチングのメカニズムやアドラー心理学、そしてプロとしての私自身の数々の経験から得た「相手を変える習慣力」の秘訣をご紹介する本です。この本をこれから読まれるあなたは、相手を変える力を身に付けながら、やがてあなた自身にもさらなる望ましい変化がもたらされることに気付いていくでしょう。

新たなる扉にようこそ！

はじめに　　　　　　　　　　　　　　　　　　　　　　　　　3

Prologue 相手を変える習慣力

01 目の前の相手が無理なく自然に変わっていく　　　　　12
02 相手を変えようとする人に起こりがちなこと　　　　　18

Chapter 1 相手を変える力についての思い込み

01 こんな思い込みはありませんか?　　　　　　　　　　28
02 モチベーションの正体　　　　　　　　　　　　　　　38
03 影響力から関係性へ　　　　　　　　　　　　　　　　46

Chapter 2 相手の潜在意識に働きかける

01 答えは潜在意識の中にある　　　　　　　　　　　　　64
02 潜在意識はこうして発揮される　　　　　　　　　　　70

Chapter 3 大事なことはスキルではなく承認すること

01 相手を変えたいなら、変えようとしない	82
Column 1 信じることで、相手の潜在力が開花する	93
02 誤魔化しは通用しない	95

Chapter 4 相手を変えることができる人

01 自己肯定感と向き合う	110
02 自分の潜在力を発揮する習慣	119

Chapter 5 習慣化の技術

01 習慣化の要諦	138
02 相手が変わりやすくなるために	158

Chapter 6 "できる"から"やっている"に変える対話術

Case Study 仕事編

01 「この件、どうしたらいいと思う?」 … 177
02 思い切って自分をさらけ出す … 184
　Column 2　チームの生産性を高めるカギ … 189

Case Study 家庭編

03 「それは誰の問題か?」 … 191
　Column 3　天才の育て方 … 196
04 影響力から関係性へ … 198
05 先手必勝の習慣 … 202
　Column 4　イチローは俯瞰の習慣を持っていた … 209
06 後輩を一人前に育てる … 211
　Column 5　モデリング … 215

おわりに … 216

Prologue

相手を変える
習慣力

01 目の前の相手が無理なく自然に変わっていく

✓ 良い習慣で相手が変わる

- 親が自分に対してこう接してくれたら
- 妻がこんな考え方をしてくれたら
- 夫がもっと家庭や、子どもの教育のことを考えてくれたら
- 子どもがちゃんと勉強してくれたら
- 部下が自分からこんなふうに行動してくれたら
- 上司がこういう言い方をやめてくれたら
- 同僚をもっとやる気にできたら

目の前の人に「変わって欲しい」と思う場面は、あなたの人生の中で実にたくさんあるのではないかと思います。一方、本などで仕入れた説得力の知識などを使いながら、相手を変えることを試してみるも、一向に変わらない。場合によっては、**やればやるほど相手は反発し、状況や関係がさらに難しいものとなってしまうようなことさえあります。**

私は、プロコーチとして、そしてプロ講師として、人に「気付き」をもたらす仕事をしています。メンタルコーチという職業は、日本ではまだあまり一般になじみのない職業ですが、アメリカなどでは、有名企業の経営者の多くは、普段からメンタルコーチの助けを借りて活躍しています。

人は気付くことによって、自ら生活態度や行動を変え、より自分らしい活き活きとした人生に向かって進んでいきます。そのような変化が起こることが、私の仕事の成果であり価値でもあります。おかげさまで、研鑽を積み重ねることにより、この成果や価値を高いレベルでコンスタントに提供できるようになってきました。

　クライアントが良い習慣を身に付けて、自分自身を変えていくことのお手伝いも、私の仕事の中の１つです。そんな経験の数々から、前著『**自分を変える習慣力**』が生まれました。

　そして、**良い習慣の中には、自分だけでなく、相手に影響を与え、相手を変えていく、本質的な力があることに確信を持つようになりました。**これらは、相手に変化をもたらすことを成果として求められる仕事をしている私自身が、普段から心がけている習慣でもあります。

✓「変えてやろう」は逆効果

　かくいう私も、かつては悩み深い会社員生活を送っていました。特に人間関係や、マネジメントにおいては、苦い経験の連続でした。

　私は外資系を中心に数社での仕事を経験しましたが、その中には、業界知識や経験がまったくない世界に入ったこともありました。
　そこでは、相手の言っていることの本質を理解することが難しく、逆に私がわかってもらいたいことは、ほとんど伝わらないという状態が続きました。

　当然、部下やチームのマネジメントも上手くいきません。

部下は面従腹背、中には反発したり、明らかに敵意を持っている人もいました。
　私は私で意地になり、挙句の果てには、マキャベリズムなども応用し、権限者というパワーだけでマネジメントをすることまで始める始末。今考えれば、本当に愚かだったと思います。あのときの私を上司に持ちたい人は、今の私を含め、恐らく世の中に誰もいないでしょう。

　そんな頃、私の心の大部分を占めていたのが、「相手を変えてやろう」という思いでした。そのため、影響力に関する本や、説得力に関する本をとにかく読み漁りました。
　でも（おわかりだと思いますが）、**相手は一向に変わりません。変わらないどころか、反発は強まる一方。**滑稽なほどのダメ上司のでき上がりです。

　実は、こんな苦い経験が私をメンタルコーチングの道に導き入れてくれました。どうしたらいいか思い悩む日々が続いた中、突き当たったのがメンタルコーチングでした。
　当初、その場のことを解決するために習得し始めた訳でしたが、今では私の仕事の中心である人材育成・組織開発のコンサルティングや企業研修の豊かな土台となってくれています。

　さらに言えば、私の子育ての土台でもあり、実際、**この土台のおかげで、私は子育てに悩んだことがほとんどありません。**

　メンタルコーチとして、目の前の相手が無理なく自然に変わっていくことを後押しし、時にはリードするための方法を数多く学びまし

た。その中には、コミュニケーション的なスキルも多く含まれています。これらはとても大切なスキルです。

そんな中、このことを突き詰めれば突き詰めるほど、いつも突き当たる壁は、「自分自身が普段からどのような習慣を持って生きているか？」ということです。

これは、もちろんスキル的な習慣もありますが、何と言っても、コーチとしての「在り方」の習慣が、相手が変化するという成果に大きく影響してくることを実感しています。

✓ 相手が変わるステップ

この本は、そんな経験から得た「相手を変える習慣力」についてお伝えする内容になっています。これらは、最新の経営理論や、複雑なITスキルのように難しいものではありません。どうか安心してください。

相手が本質的に変わることは、次の順番で起こります。

あなたの習慣が変わる ⇒ それによって、相手の潜在意識に影響を与えることができるようになる ⇒ 相手が変わる

相手が変わるためには、あなたの習慣を、相手の潜在意識に影響を与えることができる習慣に変えてあげればいいのです。相手を変えることができないあなたの習慣を、相手を変えることができる習慣に。

これらは、少しずつ始めることによって、確実にあなたの身に付き、そして、あなたの「人間力」をもさらに高めてくれる習慣です。

この本でお伝えすることには、3つのポイントがあります。

1．人は、相手を変えるために何が必要かについて、多くの思い違いをしている

2．目の前の相手を変えるためには、相手の潜在意識にどう働きかけるかが重要

3．相手を変える習慣を身に付けることは、あなた自身の自己肯定感をも高めてくれる

前述のように、実際に私は多くの思い違いをしていたことがあり、それによる大きな失敗を経験しています。

そして、その思い違いを修正することによって、プロコーチ／プロ講師として、目の前の人たちに劇的な変化が起こっていくことも目の当たりにしてきました。

また、相手に良い変化をもたらすために本当に重要なことが、相手の潜在意識に働きかけることであることも痛感しています。

誤解なきようにしておきたいことは、潜在意識に働きかけるというのは、相手をコントロールしようとすることとは、言わば正反対のことだということです。この神髄についても、後ほど詳しく触れていきます。

そして、さらにお伝えしたいことは、この相手を変える習慣が、**あなた自身の自己肯定感をも高めてくれるということです。**

自己肯定感に悩む人が実に多いということは、人の心に携わる仕事

をしている者としての実感です。この習慣には、この大切なことにも大きな影響を与えます。これは、この本をこれから読もうとされているみなさんへの福音となるでしょう。

そして、この本を読むにあたり、私が強調しておきたいのは、**「読んだだけに終わらせないこと」**。ぜひ少しずつ実践をして、この力溢れる習慣を身に付けて、あなた自身に、そしてあなたのまわりの人々にさらに貢献していただきたいというのが、実際にたくさんの失敗を経験し、そこから多くを学んできた者としての思いでもあります。

繰り返しますが、それらの習慣化は決して難しいことではありません。こうしてこの本を手にされているあなたには、それらを身に付けるチケットがすでに渡されているのです。

02 相手を変えようとする人に起こりがちなこと

✓ 上司と部下の会話から

　私がチームビルディングのお手伝いをさせていただいている、企業クライアントに所属するBさんは、ある企画チームを統括する役目の方。Bさんにはあるイライラがありました。その原因の1つは、PR担当のJ君。J君との仕事の会話は、特にBさんをイライラさせるものとなっていました。

　J君は、自分がPRする製品のコアユーザーでもあり、ユーザーの気持ちをリアルにわかるという強みを持っています。そこは、Bさんの方が足りていないところでもあり、その点ではJ君に一目置いているところでもあります。
　一方、PR企画のアイデアは、いつも同じパターンの焼き直しが多く、新しいアイデアがなかなか出て来ないと、Bさんは感じていました。経験上、「新しいフレッシュなアイデアは、PR企画には欠かせない」と強く思っているBさんは、J君があげてくるPR企画案の提案を聞いていると、いつもイライラを抑え切れませんでした。

Bさん「何かこれ、いつものパターンだな。何か新しい切り口はないのか？」
J君「この切り口は、これまでも効果がありましたし、ユーザーの心をちゃんと捉えることができると思います」

Bさん「いつもそうとは限らないぞ。常に新しいアイデアを考えるのは、担当としての使命でもある。そして、常に成長を目指し、研鑽していく姿勢が求められるところでもあるはずだ」
J君「これでも考えてやっているつもりですが……」
Bさん「アイデアがないんだよ、お前は」
J君「……」

　Bさんのイライラは増大していきます。しかし、**このような会話が続くことで、果たしてJ君は、アイデアを積極的に出すビジネスマンに変わっていくのでしょうか？**

　Bさんに話を聞いてみました。

私「イライラするんですね」
Bさん「そうなんです。PRという仕事は、言わば会社の仕事の大事なバトンを最後に渡されているようなものです。それを甘く考えているような感じが見受けられると、怒りにもなりますね」
私「J君をどう見ているんですか？」
Bさん「製品のコアユーザーだし、製品への愛着は人一倍あると思いますが、やはりアイデアがないんです。それに新しいアイデアを出そうという意欲もない」
私「本当はどうなるといいですか？」
Bさん「もちろん、J君が積極的に成長意欲を見せてくれ、どんどんアイデアを出して、製品の売上に貢献してもらいたいですよ」
私「そのためには？」
Bさん「そのために、いろいろやっているつもりなんですが……　説得力の本とかも随分読みましたし……」

私「やっているんですね」
Bさん「でも、一向に成果が上がらないことに、イライラやモヤモヤでいっぱいなんです」

✓ ポジションチェンジで会話を再現

　Bさんは、この状況を何とかしたいと思っています。元来、努力家のBさんは、そのために、たくさんの本を読んだりしながら、相手を変えることについて、自分なりにやってきました。それでも一向に成果が上がらないことに困り果てた末、友人の紹介でメンタルコーチである私を訪ねてきてくれました。

私「ちょっと変わったことをやってみたいのですが、いいですか？」
Bさん「ええ、はい」
私「もう1つ椅子をBさんの隣に用意します。変な話ですが、そこにJ君が座っているとイメージしながら、会話をしてもらっていいですか？」
Bさん「はい……」
私「最近のJ君との会話を思い出してください。そして、そのときの会話を今ここで再現しているという感じで、そこの椅子（J君が座っていると想定している椅子）に向かって話しかけてくれます？」
Bさん「わかりました。やってみます」
私「話していると、例のイライラやモヤモヤが出て来て、嫌かもしれませんが、その辺りもしっかり感じてみてください」
Bさん「わかりました」

　Bさんは、数日前のJ君とのやり取りをそこで再現してくれていま

した。話が進むと、Bさんにイライラの表情がハッキリと浮かんでくるのがわかりました。

私「どんな気持ちですか？」
Bさん「やはりイライラしますね。いっそのこ"黙ってやれ！"とでも言いたくなってしまいます」
私「そうなんですね。では、今度は、いったん今の椅子から立ちあがって、J君の椅子に移動してもらっていいですか？」
Bさん「はい」
私「そして、これまた変な話ですが、今度はJ君の立場でJ君の気持ちになりきって、Bさんに向かって話をしてもらっていいですか？」
Bさん「J君として、私に話しかければいいんですね」
私「そうです。意外となりきれますからやってみてください」
Bさん「やってみます」

　J君になりきったBさんは、今度はJ君の立場で、同じ会話をしてみました。すると、（J君になりきった）Bさんの姿勢が、少し猫背になり、沈んだ表情になっていくのが、こちらからもよくわかりました。

私「J君として話をしてみてどうですか？」
Bさん「何だか全然認めてくれていないんだな、ということがよくわかりました。焦っているし、怒っているし」
私「どんな気持ちになりました？」
Bさん「何言っても否定されるっていうか、自分の"べき論"を押し付けてくるというか、とにかく早く話を終わらせたいという気持ちでしたね」

私「他には？」
Bさん「こっちが"アイデアがない人間"ということを決めつけて話している気がするので、話す気がなくなります」
私「そうなんですね」
Bさん「あと、こちらの方が、業界のことやユーザーの気持ちがわかっているので、何とかして上司としての威厳を見せたいと、虚勢を張っているというのも見え見えでした」
私「見え見え？」
Bさん「そう、そんなことする必要ないのにね」
私「身体の感じなどはどうです？」
Bさん「ちょっと縮こまる感じ」
私「何が起こっているのですかね」
Bさん「無意識に自分を守っているからなのかも知れません」

　そして、J君の椅子から立ち上がってもらい、大きく伸びをしてから、再び元のBさんの椅子に座っていただきました。

私「今、両方の立場で話してみて、何に気付きました？」
Bさん「正直、"ああ、やっちゃってた！"って感じでしたね」
私「と言うと？」
Bさん「J君を変えたいと思っていながら、J君を認めていないし、決めつけているし、押し付けているし。第一、J君の話を全然ちゃんと聞いていないですね。話を聞いているときも自分のことだけを考えているし……」
私「そう感じたのですね」
Bさん「J君の立場からしたら、こういう相手に言われて素直に変わろうなんて思う訳ないですね」

私「どうしたらよさそうですか？」

Bさん「J君の気持ちになったら、"やっていることをもっと認めてもらいたい"と。まずはそこからですね。あと、あまり"自分が上だ！"という感じを出すのは、良くないなと」

私「どういうことですか？」

Bさん「"できる人間だと見せなければいけない"とか、そういう自分目線のことばかり考えていると、相手は距離感を感じるというか、上からの目線を感じるというか、上手く言えないけど、そういうことです。思い込みが支配しているんですね」

さて、ここまで読んで、あなたはどう感じたでしょうか？

このように、**まるでその人になったつもりで会話を再現してみることを「ポジションチェンジ」と言います。**

Bさんとのこのやり取りを紹介しているのは（Bさんの許可をいただいて紹介しています）、「相手を変える」ということについての真髄が、この会話に網羅されているからです。

このコーチングセッションで多くのことに気付いたBさんは、自分がやり続けていた習慣を、より良い習慣に徐々に変えていくことにしました。

それは、

- 思い込みに支配されないこと
- 相手の話をしっかり聞くこと
- 意識を相手に向けること
- 相手を承認すること
- レッテルを貼らないこと
- 相手の良いところに注目すること

- 上から目線を止めること

……などなど。

　その後、数回のコーチングセッションを重ねながら、具体的な行動プランを立て、Bさんは1つひとつを確実な習慣とするための実践を積み重ねていきました。
　そして、数か月後、J君からは、ちゃんとアイデアが出てくるようになり、やがては新鮮なPR企画が次々と生まれていったといいます。そして、Bさんの企画チームは、J君に限らず、多くの人が本質的な変化を見せるようになり、そのチームワークとチーム力は以前とは段違いのものになりました。

ポジションチェンジで相手との会話を再現すると、見えないことが見えてくる

Bさんのイライラやモヤモヤはすっかり消え去り、笑顔や談笑も随分増えたといいます。そして、Bさんのまわりの人間はみな感じていました。

一番変わったのは、Bさん自身であったことを。

　これは、あるビジネスシーンを取り上げた例ですが、成人した子どもが親の強情さを何とかしたい場合、親が子どもに何とか勉強をしてもらいたい場合、妻や夫にちゃんと気持ちを理解する姿勢を見せてもらいたい場合、友人の気になる言動や行動を何とかしてもらいたい場合など、似たような状況があなたのまわりにはあるのではないかと思います。

　それらの場合も、**大事なポイントや、身に付けると良い習慣は先程のケースと同様です。**

　次のChapterからは、Bさんにこのような目覚ましい結果をもたらしたポイントに代表される、「相手を変える習慣」についての要諦を、実例も交えながら詳しくお伝えしていきます。

Chapter 1

相手を変える力についての思い込み

01 こんな思い込みは ありませんか?

✓ できる人だけが影響力がある?

「目の前の相手を変えることができる人」と聞いて、どんな人が思い浮かぶでしょうか?

　輝くような経歴があり、地位が高く、影響力の大きい人
　理路整然として、説得力に溢れる人
　何かの分野で突出した力があって、多くの人から尊敬されている人

このように、影響力、説得力、尊敬などは、相手を変えるための大きなポイントであることは確かだと思います。また、これらのことは、多くの人たちが得たいものではないでしょうか?

特に、ビジネスシーンにおいては、これらが多くの場面で力を発揮し、人を成功に導いてくれる重要な要素でもあります。だからこそ、このようになりたいと思う人も多いと思います。

一方、いきなりですが、**これらの要素は、相手を変えるために、最も必要とされる条件ではありません。ましてや、十分条件でもありません。**

目の前の相手を変えるために、これらの力が絶対的に必要だと思うことは、言わば**思い込み**なのです。もちろん、まったく関係ないと言

っているのではありません。もし、あなたがこれらの力をすでに持っているのであれば、それは素晴らしいことですし、それがより相手のためにもなるということは、疑いようもありません。

また、この本を手にしながら、「私にはそんな力はないなぁ」と思っている人も安心してください。あなたが変わって欲しいと思っているのが、親であれ、子どもであれ、伴侶であれ、友達であれ、部下であれ、上司であれ、また、その他の人であっても、本当に大事なことは別にあります。そして、その大事なことをあなたが身に付けることは、決して難しいことではないのです。

✓ あるマネージャーのお話

ここで、あるクライアントさんのお話をお伝えします。Kさんとしておきましょう。

Kさんは、ある大会社のマネージャー職にある方。高い学歴と能力を持ち、きら星のような経歴の持ち主です。金融のある分野のスペシャリストで、その点では、業界の中でも一目置かれる存在でもあります。

そんなKさんの悩みは、部下の指導や、チーム作りに関してでした。現場のスペシャリストとして突出した業績を上げ、異例のスピードでマネージャーへと昇進し、意気揚々とチーム作りを始めたKさんでしたが、想定に反してことは思うようには進みませんでした。

そして、いつの間にか行き詰まりを感じるようになりました。
Kさんは元々温厚な方ですが、ストレスは募り、時には部下に対し

て大声でどなりつける場面も見られるようになりました。Kさんにとって、人材育成とチーム作りは、それほど計算外のことの連続だったのです。

- 部下の考えていることがわからない
- 部下が思うように動いてくれない
- 部下の仕事に対する姿勢を何とかしたい

こんな思いの反面、いつしかマネジメントに費やす時間は減っていき、得意な現場の仕事に集中するようになっていきました。これは、言ってみれば、**マネジメントからの「逃げ」**でもあったのです（その時の本人は気付いていませんでしたが）。

できない部下の業務も自分が引き受け、進めていきます。その方が早いからです。こうなると、さらにチームは機能しなくなり、Kさんの残業時間は増える一方です。Kさんはこの悪循環から抜け出せず、苦しんでいました。

Kさんはとても優秀な方です。業務に関しての、非常に高いレベルでのスペシャリストでもあります。

だからこそ、部下たちの「できていない部分」や「ダメな部分」が、すぐ目に付いてしまいます。 そしてそれらが目に付くと、相手を変えたくなり、ついつい厳しい指導をしてしまいます。

Kさんには、問題発見・問題解決という回路が染みついています。言ってみれば、これは仕事ができる人の性分です。できるがゆえに、問題発見力のレベルも高い。そして、問題を発見したら、解決したくて仕様がなくなるのです。

だから、部下ができていない部分が目に付いて仕方なくなり、変えようとしたくなります。
　しかし、業務上の問題解決は得意でも、Kさんにとって、この「相手を変える」という問題解決は、まったく思うようにはいきませんでした。

　これまでの人生を、その溢れる才能と努力で切り開いてきたKさんからしてみれば、この経験は、まったく理解不能のことでした。何が起こっているかもちゃんと把握できず、ただ苛立ちと焦りの日々が過ぎていきました。

　そんな状況の中で、Kさんが「光明を見い出せるのでは」と思い、訪ねたのが、私の研修であり、メンタルコーチングだったのです。

✓ 思い込みを断捨離する

　目の前の相手が変わってくれるために、こちら側に必要なこと。
　みなさんはどんなことだと思いますか？
「優秀であること」
　これが真っ先に思浮かぶ人は多いと思います。

　確かにそうでしょう。相手からなめられていては、影響を与えることは難しくなります。だから、多くの人は、優秀であることに憧れ、切磋琢磨しようとします。
　現に、この本を手に取っている人は、向上心が強く、常にその能力をアップさせようとしている人なのではないかと思います。

父親や、母親としても、「子どもたちに、自分たちの優秀性をできるだけ示し、敬意を得たい」と思うのも、普通のことだと思います。

優秀な自分を創り出すために、切磋琢磨することは、とても価値の高いことだと思います。
一方、**相手を変えるために、「優秀であること」が第一の必要条件であるという考えは、思い込みに過ぎない**ということをここに確信を持って、真っ先にお伝えします。
柔らかく言えば、「目の前の相手を変えるために、なめられていては話にはならないが、特別に優秀である必要はない」、また、**「あなたが特別に優秀だということだけで、相手は変わったりはしない」**ということです。

これは優秀であることが無意味だと言っているのではありません。「相手を変えるためには、優秀でなければいけない、優秀だと思われなければいけない」という思い込みから、あなた自身をぜひ解放してあげて欲しいのです。
後ほど詳しくお話ししますが、この思い込みがむしろ相手を変えにくい方向に持っていってしまったりするのも事実です。だから、第一に必要なことは、この思い込みを断捨離することなのです。

この辺りで、お伝えしておいた方がいいことが1つあります。
ここまで読んでみて、「相手を変える」という言葉自体に違和感のある人もいるのではないでしょうか？
「変える」という言葉に、何か妙な意図を感じるとか、コントロール感を感じるとか、そういう感覚を持っている人もいると思います。これ、とても大事なポイントです。

この本は、「相手を変えてやろう」とか「コントロールしてやろう」という意図を応援するものではありません。もし、それらの意図が強い人がいるのであれば、その意図に合った他の書をお薦めします。

　ちょっと変な言い方になりますが、**相手を変える習慣力は、相手を変えてやろうとする意図を減らせば減らすほど、身に付けることができるのです。**このことは、Chapter2 にて詳しくお話ししていきます。

目の前の相手に変わってもらうには、まずは思い込みを捨てる

✓ それは真実ですか

ところで思い込みとは何でしょうか？

思い込みとは、あなたの知識や経験をもとに、あたかもそれが真実であるかのように信じ込んでいることです。

例えば、昔の人は、地球は不動で、天や太陽が地球の周りを回っていると信じ込んでいました。太陽は東から昇り、高く上がって、やがて西に移動する。これを見れば、この経験からほとんどの人が「太陽の方が動いている」と信じ込むのは無理もないでしょう。

しかし、ご存知のように事実は違うのです。当時の書物には、天動説が常識として唱えられていました。それを知識として得た人たちは、あたかもそれが真実であるかのように思い込んでいました。

そう、思い込みは事実とは違うのです。

人間はこの思い込みというものに影響を受け、人生を左右されます。 それは、良い影響もあれば、そうでない場合もあります。

例えば、「いい大学に行けば、幸せな人生が送れる」という思い込みは、人を一生懸命に勉強する方向に持っていってくれるかもしれません。一方、いい大学に行けるほど頭が良くないと思っている人や、自分が出た大学がいい大学ではないと思っている人が、この思い込みを持っていたらどうでしょうか？

極端な話、「いい大学を出ていないから、幸せにはならない」という強い思い込みまで出てきてしまうかもしれません。そして、これだけで人生を諦めたようになってしまうということも起こりかねません。

では、この思い込みは、果たして事実でしょうか？

そう、その反例は、世の中に数え切れないほどあります。

逆に、とてもいい大学の出身ということが、かえって心の重荷になって、能力の発揮を鈍らせてしまっている人までいるのが、実情です。ひどい話では、「エリート路線を歩んできた人は、人の気持ちがわからない」という、あらぬレッテルまで貼られることさえあります。

こうして話すと滑稽にも聞こえるかもしれませんが、実際、日々の行動が思い込みに支配され、人生の活力が下がってしまうようなケースは枚挙に暇がありません。

このように、**思い込みは、人生を左右させるほどの力があります。**そして、人は思い込みに苦しみます。だから、**良くない影響を与える思い込みを修正することは、人生をより生きやすいものにします。**

メンタルコーチングの役目は、このような人の思い込みを解消するものでもあります。コーチングを通じて、事実をちゃんと見たり、物事を多様な面から見たりすることも、望ましくない思い込みを解消することにつながります。

この思い込みの解消は、「気付き」というものが出てくることで進みます。

✔ あなたの中の思い込み

さてここで、相手を変えるためにという点で、あなたにはどんな思い込みがあるかを見てみましょう。次の内容と、あなたが信じていることを照らし合わせてみてください。

相手を変えるためには……

- 優秀でなければならない
- ぐいぐいと引っ張るリーダーシップを持っていなければいけない
- 相手をコントロールできていなければいけない
- 弱みを見せてはならない
- 相手が自分に恐れを持っているぐらいの状態でなければならない
- 威厳がなければいけない
- 話が上手でなければいけない

いかがですか？

自分の中にあるものに気づいたでしょうか？

また、「自分は、この中のいくつかを信じているが、それらは思い込みではなく事実だ！」と感じている人もいるかもしれません。

ここで大事なことは、それが思い込みであろうと真実であろうと、あなたが現時点で、どんなことを信じているかを確認することです。

先に挙げたことが、相手を変える力とどう関係があるかも、後ほどChapter2で詳しくお話していきます。

Check Lists

- [ ] 「相手を変えるためには、優秀でなければいけない」は思い込みに過ぎない

- [ ] あなたが特別に優秀だということだけで、目の前の相手は変わったりしない

- [ ] 相手を変える習慣力は、相手を変えてやろうとする意図を減らせば減らすほど、身に付けることができる

- [ ] 思い込みと事実は違う

- [ ] 思い込みには人生を左右させるほどの力がある

- [ ] どんな思い込みを持っているかを気付くことはとても重要

02 モチベーションの正体

✓ それは本当の変化ですか？

　人が変わるというプロセスの中で、変わるための大切なエネルギーとなるものが、モチベーションです。
　例えば、仕事でも勉強でもモチベーションが高い状態でやるのと、低い状態でやるのとどちらが成果が上がるでしょうか？
　聞くまでもありませんよね。

　では、変わろうというモチベーションがあるのと、人から強制されるのとではどちらが変わる確率が高いでしょうか？
　これも明白。そして、どちらがその変化が持続するでしょうか？

　ここ、とても大事なポイントです。**人から強制されてやることは、持続力がないということです。**

　強制する人の影響力のあるうちは、心の奥底で抵抗がありながらもそのことをやりますが、この影響力がなくなったり、影響力外の環境では持続しにくいのです。
　親の監視下では、ちゃんと勉強する子が、親が見ていない時や、親のチェックがない内容についてはちゃっかりサボるというようなケースでは、その子は自主的に勉強をするという状態になっていません。
　つまりこれは、**本当の変化ではない**ということです。

2つのモチベーション

　ロチェスター大学心理学部の教授であるエドワードL.デシが提唱したところによると、モチベーションには大きく分けて2つの種類があります。

　1つ目は外発的モチベーション。
　これは、外側からの刺激により発生するモチベーションです。報償によるモチベーションでもあります。仕事で言えば、給料/ボーナス、昇進、休暇、福利厚生などがこれにあたります。子育てで言えば、おもちゃを買い与えることや、お小遣いを増やすことなどが、外発的モチベーションを刺激することになります。
　また、子どもや部下を褒めるというのも、この外発的モチベーションのうちに入ります。

　2つ目は内発的モチベーション。
　これは自分の心の中からのモチベーション。達成感や充実度、自己の有能性の自らの承認などを目的としたモチベーションです。このモチベーションは、継続力が強く、**人が真の変化に向かう強力な原動力**になってくれます。

　企業の社内調査などで、「モチベーションはどうしたら上がるか？」というような質問を従業員の人たちにしてみると、「給料が上がること」、「休みが増えること」というような答えが多く返ってきます。定量調査などをやると、このような意見が多くを占め、社員のモチベーションを上げるための課題の最優先事項に設定されたりするケースが多くみられます。

では、果たして社員のモチベーションを上げるために最も重要なことは、給料を上げることなのでしょうか？

　これは、外発的モチベーションが大切ではない、と言っているワケではありません。一定水準の給与体系や、休日数などは、社員の定着率などにも大きく影響します。不満を産まない土台となる条件としても大切なことです。

　一方、**外発的モチベーションの特徴は、モチベーションアップの瞬間的な効果はあっても、それが持続しないということです。**例えば、給料が上がれば、気分が良くなり、モチベーションも上がります。しかし、それもしばらくすると、それが「当たり前」になり興奮は冷めていきます。

　引き続きこの方法でモチベーションを上げるためには、さらに給料を上げ続ける必要が出てくるのです。そして、子どもには、飴やおもちゃをあげ続ける必要が出てきます。外発的モチベーションを、モチベーションアップの手段として使うと、まるでカンフル剤のように、資源・資金が限りなく必要になってしまいます。

　つまり、**外発的モチベーションは、根本的変化にはつながりにくいのです。**

　そして、条件アップや、飴玉などの外発的モチベーションを過剰に与え続けると、甘やかしの構造ができやすくなり、相手に勘違いを起こさせやすくなります。この結果、思わしくないかたちで相手がつけあがることも起こりかねません。これはつけあがる側にも原因があると同時に、それ以上に甘やかす人間に責任があると言えます。

外発的モチベーションは、持続力のあるモチベーションを生み出すものではなく、短期的なテンションを生み出すものです。その良い面に焦点を当てると、チームなどで、瞬発的なテンションが必要なときにはとても有効です。

　例えば、年末の忘年会を盛り上げるために、豪華賞品を用意するとか、プロスポーツチームが大事な大会の決勝戦を前に、優勝したら全員にハワイ旅行をプレゼントすることを発表するなどといったことが、試合中に向けてのチームメンバーの短期的なモチベーション（テンション）アップにつながるという点では、有効な使い方があります。

　これに対して、達成感や充実度、自己の有能性の自らの承認などを目的とした**内発的モチベーションは、内的なものに火が付くことによって起こります。**外的な資源も必要としません。だから持続性があり、根本的変化につながりやすくなるのです。これこそが、本当に「相手を変える」ことにつながるのです。

✓ それはモチベーションを上げる？

　研修やコーチングで、「部下の仕事へのモチベーションが上がらない」とか、「子どもの勉強へのモチベーションが上がらない」というようなご相談を受けることが多くあります。

　そんなとき、まずは、現状の接し方について詳しくお話を伺います。お話を伺っていてよく起こることが、部下や子どものモチベーションを上げるという前に、モチベーションを下げてしまうような言動や行動を繰り返しているということに、クライアント自身が話しているうちに自分から気付くということです。

ここで、あなたが部下や子どもであるつもりでイメージしてみてください。親や上司からこんなことをされたら、どんな気持ちになるでしょうか？

- ダメ出しされる
- できないことだけを指摘されて、できることを認めてもらえない
- やっていないことだけを指摘されて、やっていることを労ってもらえない
- ちゃんと見てくれている感じがしない

いかがでしょうか？
モチベーションは上がってくるでしょか？
指摘されて変わろうという気になるでしょうか？

私たちは、あまり意識をしない中で、このようなことをしがちです。そして、これらのことが相手のモチベーションを上げるどころか、下げてしまう原因となってしまいます。もし、日常的に行われているとすれば、**そのダメージはボディブローのように効いてきます。**

ここで、あなたが変わって欲しいと思っている中でも、一番変わって欲しいと思う人を1人思い浮かべてください。
そして、その人との最近の会話を思い出してみてください。

- それはいつ頃
- どこにいて
- 何をしていた時か
- どんなことについて話していたか
- そして、どんな雰囲気の中話していたか

あなたはその変わって欲しい相手に対してどちらを多くしていましたか？

- ダメ出し　or　OK出し
- その人ができていないことを指摘する　or　その人ができていることを認める
- その人がやっていないことを指摘する　or　その人がやっていることを労う
- ちゃんと見ていない（意識があなた自身に行っている）　or　ちゃんと見ている（意識が相手に行っている）

相手のモチベーションを下げていないか、会話を思い浮かべて検証しよう

いかがでしょうか？

どちらの割合が多かったでしょうか？

何か気付いたことはあるでしょうか？

相手に変わってもらうための前提としては、相手のモチベーションを下げるような行為を繰り返さないということが大切です。

それらのことが、まったくなければいいのですが、もし少しでもあれば、これらはまず、断捨離すべき習慣なのです。

Check Lists

- [ ] 人から強制されてやることには、持続力がない

- [ ] 外発的モチベーションは、持続力がなく、根本的な変化にはつながりにくい

- [ ] 内発的モチベーションは、持続力があり、根本的変化につながりやすい

- [ ] 相手に変わってもらうことの前提は、相手のモチベーションを下げるような行為を繰り返さないこと

03 影響力から関係性へ

✓ アドラーが教えてくれたこと

　研修やコーチングを行っていて持ち込まれる最も多い問題は、何と言っても人間関係の問題です。上司との人間関係に苦しむケースや、職場の他のメンバーや、住んでいるところのご近所さんとそりが合わないことで孤独感を感じるケース、そして夫婦のパートナーシップなど、実に様々です。また、会社で人が辞める理由の大部分は人間関係にあるとも言われています。

「あらゆる悩みは、対人関係の悩みである」

　心理学者であり、心理療法家でもあったアルフレッド・アドラーの言葉です。

　人が抱える悩みは、表層的には、自己の能力の問題であったり、目標の未達の問題であったりしますが、深層に入っていくと、それらが人間関係に関連していることがほとんどです。
　コーチングセッションなどで、詳しく聞いていくと、どんな課題にも人との関わりが絡んでくることを、経験から実感しています。人間関係は、それくらい大事な人間の基盤であると言えます。

　このように、人が心を痛めることの多くは、人との関係。また、人が幸せを感じることの多くも、人との関係なのです。

アドラーが提唱したことに「幸福の３原則」というものがあります。この３つがどれだけ満たされているかが、幸福を感じる度合いのバロメーターになるという考え方です。

❶ 自己受容

これは自分のことをどれだけ認めていて、大事にしているか、受け入れているかということです。自己重要感とか自己肯定感というような言い方もします。

注目すべきは、能力や地位や年収が高いからと言って、自己受容が高いとは限らないということです。

天才バカボンという昔の漫画をご存知でしょうか？
この漫画、主人公がタイトルのバカボンではなく、その父である「バカボンのパパ」であり、天才はバカボンではなく、弟のはじめちゃんという面白い設定です。

バカボンのパパの現れるところ、いつもまわりがしっちゃかめっちゃかになります。常識も何もあったものではない。そして騒動が一通り終わったところで、いつものパパの一言が出ます。
「これでいいのだ」
まわりの人からすればしっちゃかめっちゃかの状態でも、パパにとっては、「これでいいのだ」なのです。そういった意味では、バカボンのパパほど自己受容の高い人間を見つけるのは難しいでしょう。

ちょっと極端な例を出しましたが、自己受容とは、自分の考え方や、行動や、そして自分の存在自体に「これでいいのだ」と心から思えているかどうかなのです。

さて、あなたの中の「これでいいのだ」度は、100点満点中何点ぐらいでしょうか？

```
　年　　月　　日


　　　　　　　　　　　　　　　　　　　　　　　　　　　点
```

❷ 他者信頼（所属感）

　お互いを信頼し合っている関係は、幸福度に大きな影響を与えます。お互いを信頼し合っている度合いの高い集団の中にいるとき、人は強い所属感を感じます。家庭でも、学校でも、会社でもそうです。

　アドラーは、この所属欲求というものを人間の根源的な欲求であると言っています。「居場所がない」という感覚は、この欲求に反するものです。

　例えば、不良グループに属そうと考える子どもたちなどは、家庭や学校で、**自分の居場所がないと感じる状態があり、自分の居場所を見つけるために、自分を受け入れてくれる場所に身を置こうとするのです。**ベストな選択ではないことは内心わかっていても、たとえそれが、不良グループであっても、自分が少しでも所属感を感じる場所であればいいのです。

　これは、地方都市に本社を構え、従業員のほとんどが車で通うというある企業クライアントに、最初に伺ったときに聞いた話ですが、その会社の新入社員や中途社員の中には、昼食をいつも車の中で済ませるという人たちがいたそうです。

これは、まさに居場所がない状態。**会社が「ホーム」ではなく、完全に「アウェイ」なのです。**

所属感がないので、仕事場で安心を感じたり、幸福を感じたりする度合いは、かなり低かったことが想像されます。ましてやモチベーションなどは、上がろうはずもありません。

当初この会社は、高い離職率に悩んでいました。そして、人材育成・組織開発のコンサルティングで、最初に取り組んだことの1つが、社員の所属感を上げることでした。

コミュニケーションやチームビルディングの研修などを通して、これに取り組み続けました。やがて所属感や、従業員同士の信頼感の向上が見られるようになってきました。

そして、離職率は下がり、従業員満足度も高まっていきました。新入社員に関しては、入社後1年間の退職数がゼロになるという結果まで生まれました。そして、何よりも大切なことは、笑顔で仕事をする人が増えたということでした。

このように、他者が信頼できる環境にあること、**所属感があることは、人が渇望すること**であり、これが満たされたとき、人は深い幸福感を感じるのです。

さて、あなたの今いる環境での所属感は、100点満点中何点ぐらいでしょうか？

```
   年    月    日



                                    ＿＿＿＿＿点
```

❸ **貢献感**

　生き方のスタイル、仕事のスタイルは人それぞれです。そんな中、人に貢献することをスタイルの中心に置こうとする人が増えてきたように感じます。

　千葉県の大網白里市に、大里綜合管理という小さな不動産会社があります。この会社は、社員の多くが、その仕事の時間の半分近くをもボランティア活動に充てています。しかも、子連れ出勤OK、さらには、この会社には定年というものがありません。それでいて、40年間黒字経営という凄い会社です。
　地元の駅前ロータリーに慢性的な渋滞があると聞けば、早朝から何人もの社員がボランティアで交通整理に精を出し、渋滞の緩和に貢献します。本社社屋では、地元の老人や子どもたちのためのイベントが、連日開かれています。
　社員の中でも特に新入社員や、入社間もない社員ほど、全就業時間におけるボランティアの割合が高くなっているのが特徴です。

　この理由について、社長の野老真理子さんは語ります。
「例えば新入社員の場合、不動産の仕事で"ありがとう！"をもらうまでには何年もかかってしまいますよね。でも、これだけ地域活動をしていると、入社のその日からゴミを拾うことで、地域の方から"ありがとう！"をもらえます。
　仕事の本質って、"ありがとう！"をもらうことです。そこにお金が伴うことですよね。社員たちは、"ありがとう！"を最初にもらうことで、心地良さや意義を感じ、きちんと仕事をするようになるのです」

==人への貢献感、「ありがとう！」をいただける喜びは、何よりの強==

烈な幸福感であると同時に、人間が根源的に求めることでもあります。

　世界的な成功者であるビル・ゲイツやウォーレン・バフェットたちが、その全財産の大半を寄付しようとするプロジェクトがあります。ビジネスでの成功というものを経験した後、彼らが求めるところが、人への貢献への強い実感ということなのでしょう。

　このように、**貢献感がもたらす幸福感（自分が人の役に立つ人間であるという自己承認）は、人間にとって最高レベルの幸福感と言われます。**

　さて、あなたが持っている、まわりのみなさんへの貢献感は、100点満点中何点ぐらいでしょうか？

　　　年　　　月　　　日

　　　　　　　　　　　　　　　　　　　　　　　　　　　点

　この幸福3原則を見ても、1つ目は自分との関係、2つ目と3つ目は、他者との関係についてです。このように人間関係というものは、あなたの幸福感に大きな影響を与えるのです。

　人間関係が良くなければ、幸せを感じる度合いは低くなり、心の居場所がなくなったり、場合によっては深く傷ついたりもします。一方、人間関係が良ければ、心が晴れ晴れとし、仲間意識も強くなり、まわりの人へ貢献したいという気持ちも高まります。
　そう、**人は人に傷つき、人に救われるのです。**

✓ その関係はどんな関係？

人間関係が人の人生や幸福度に大きな影響を与える例を見てきました。この本のテーマは、相手を変える習慣力です。

結論から言うと、**相手を変える習慣力を考えるにおいて、最も大事なことは相手との関係性です。**

相手を変える、相手が変わるための根本的なものは、あなたの能力や地位や財力などではありません。あなた自身のことも、もちろん大切ですが、根本的なものは、どちらか一方的なものではなく、「関係性」なのです。

昨今、コミュニケーションというものがますます重要視されていますが、**このコミュニケーションの真の目的の1つは、関係性の構築にあると言えます。**

関係性の構築は、ビジネスの上でも大切です。例えば、営業職の仕事で最も大切なことも、顧客との関係性の構築です。また、リーダーの仕事として最も大切なことも、チームメンバー、他部署、そして他のステークホルダーとの関係性の構築です。

まわりの人で、あなたが「良い営業だな」とか、「良いリーダーだな」と思う人の顔を思い浮かべてください。おそらくその人たちは、人との関係性の構築をしっかりとできる人だと思います。逆に仕事についての知識や経験が卓越した人でも、人との関係性の構築がしっかりとできていない人は、本当の意味で優れたリーダーかどうかは疑問が出てくることでしょう。

私は、長年会社に勤めた後、独立しました。おかげさまで、独立直後から、数社の企業クライアントや、数十人の個人クライアントのみなさんと契約させていただき、順調なスタートを切ることができました。今でも本当に感謝でいっぱいです。
　その中には、私が外資系企業の社員時代に、私の仕事のベンダー（受注者側）をやっていただいた会社もありました。つまり、社員時代は、私がその会社のクライアントで発注者側だったのです。
　退社すると決まって、その会社の社長さんと会食をさせていただいたとき、私が独立してまでやりたいと思っている人材育成の仕事が、どんな仕事かをお伝えした瞬間、「その研修、ぜひうちでもやってください！」と、その場でご依頼を受けました。

　その後お伝えいただいたのはこうでした。
「三浦さん、クライアントには２つのタイプがあります。１つは、クライアントであるという立場を、お金を払っているからということで、ベンダーよりも上の立場であると思って私たちに接する人。ひどいケースになると、会社の看板の力で押してきたり、振る舞いがとても横柄だったりします。
　もう１つは、しっかりしたパートナーシップを持って、ヨコの関係で、丁寧に接してくれる人。こういう人との仕事は、何より楽しいですし、うちの社員たちのやる気も明らかに違います。そして、提供させていただく仕事の質も自ずと上がっていきます。
　三浦さんは、どのクライアントよりもこのヨコの関係で私たちに接し続けてくれました。だから、そんな三浦さんがこれから情熱を傾ける研修は、きっと素晴らしいものに違いないという確信があるんです」

本当にうれしいお言葉でした。そして、社長をはじめとするその会社のみなさんと、このような関係性をつくってこられたことを心から感謝しました。

　優良企業に属していたり、会社の要職にあるうちは、たとえしっかりした仕事をしていなくても、またしっかりした関係性を築いていなくても、相手の会社もそれ相応の対応をしてくれます。
　しかし、看板や役職で仕事をしているのか、己で仕事をしているかは、相手の会社側からはとてもよく見えます。会社を辞めて、独立したりすると、その結果がハッキリします。
　特に私の場合は、それまでとは違う仕事で独立したので、独立してからの仕事の質は相手にとっては未知数。それでも、信頼して任せていただいたことは、この「関係性」の大切さを痛感した出来事でした。

✓ ヨコの関係とは

　私がこのような関係性を築けたのには理由がありました。1つは、外資系企業で働く前に、広告会社で営業をしていた経験があり、受注者側の気持ちがよくわかること。そして、もう1つは、独立準備のために、研修やコーチングのトレーニングと実践を毎日のように繰り返していたことです。

　クライアントとの良好な関係性を瞬時に築くことができなければ、メンタルコーチングは成り立ちません。 それは結果に如実に現れます。
　研修講師も同様です。座学で、受講者に知識をインストールするだ

けの研修もありますが、私の場合、その場で実践的に高め合い、深め合う研修を目指すため、参加者のみなさんとの関係性は最も重視する事項です。これが、研修後の継続的な効果に雲泥の違いを産むことが、経験則でわかっているからです。

その良好な関係を築くことができるかどうかの最も大切な土台は、先ほどの会話にも出てきた**「ヨコの関係」**にあります。これは、アルフレッド・アドラーから学んだことの中でも、最も重要なことの1つです。

相手が変わるための根本は「ヨコの関係」を築くことにある

人と人は、基本として「ヨコの関係」です。**上下関係があるのは、上司・部下の関係などの会社の仕組みの中や、先輩・後輩などの学校や部活の仕組みの中、子弟などの学びの仕組みの中など、あくまで仕組みの中のことです。**

　この人間の基本的なことを勘違いする人がいます。

　驚くことに、かなり頭の良い人でもこの勘違いをしている人はたくさんいます。一方、私は仕事柄、会社の社長さんやエグゼクティブの人たちとお話する機会が多いですが、本質的に優れた、そして安定した経営をされている人には、この平等な感覚を持ち、品性の高い方が実に多いことに気付きます。

　逆に、いくらIQが高かったり、仕事ができたりしても、この平等感覚が欠落していると、「品性や本当のインテリジェンスというものを持ち合わせていない人」と判断されてしまいます。

　経営においても、覇道の経営（力の経営）はできても、王道の経営（徳の経営）には至りません。覇道の経営では、一時期の隆盛を誇ることはできても、長きに渡り社会のために役に立つような経営は難しくなってしまうのです。

　親子ですら、ヨコの関係は変わりません。

　私は、アドラー心理学を学んでいるおかげで、これまで子育てに悩んだことが、一度もありません。

　その大きな要因は、子どもと「ヨコの関係」をしっかり持っていること。さらには、「子どもたちは、親の進化形」ぐらいの感覚を持っているので、子どもたちに敬意を表しながら接することができています。

　勘違いしないでいただきたいのは、なあなあの友達的な関係にある

ということではありません。しつけはちゃんとやりますし、必要なときには、激しく怒ります。

親の役目は、子どもたちが自立することを支援すること。 そのために必要なことはちゃんとやります。子どもとは、自立する力が十分に顕在化していない状態の存在です。

一方、その自立の力は潜在力として眠っています。それは確かにあるのです。その力の顕在化を支援するのが、親の役目なのです。

そういった意味では、年齢的に大人でも、ちゃんと自立したマインドを持っていない状態は、子どもと同じということです。

この自立への支援において、この「ヨコの関係」というものの大切さを実感する日々です。

✓ 上下関係を手放すことに抵抗はありますか？

「ヨコの関係」というものがまだしっくりこない人がいるかも知れません。それも当然だと思います。

私もこの「ヨコの関係」というものの本質が理解できるまで、しばらく時間がかかりました。**本質は、理屈ではなく、実践を繰り返すことで、その理解を深めていくことがようやくできるからです。**

みなさんがいろいろと実践してみる前に、できるだけこの「ヨコの関係」についての理解が深まるよう、様々な角度からお話を進めていきます。

「ヨコの関係」がしっくりこない人の中には、上下関係の感覚を手放すことに抵抗を感じる人がいるのではないかと思います。上司・部下

などの仕組み的な上下関係を手放すという意味ではありません。上司・部下の関係や親子の関係に、ヨコの感覚を取り入れてしまうことに抵抗があるという意味です。

いかがでしょうか？

ヨコの感覚を取り入れることによって、統率が甘くなったり、舐められたりする原因になるのでは、と思うかも知れません。確かに新しいものを取り入れることには不安が伴います。

それによって、いい意味でもそうでない意味でも、関係性に変化が生じることに恐れが生まれるのです。

ただ、どんな人も本能的、潜在的には、人と人は「ヨコの関係」であるということは十分わかっているはずです。しかし、関係性の変化を恐れて、抵抗が生じるので、全面的には意識に取り入れたくない気持ちが出てくる。

これは、ハッキリ言うと、人として正面から向き合うことを避け、上司・部下という社会的仕組みに頼っている部分が少しでもあるという証拠です。変化による恐れや不安を生み出すのが嫌なのです。

これを「執着」と言います。つまり、社会的仕組みに執着があるのです。

不安や恐れの原因は、この執着です。

執着があるので、社会的仕組みではないところで、人と向き合うことに不安や恐れがあるのです。

例えば、この執着をずっと抱えた人が、定年を迎えるとどうなるか？

社会的仕組みの中で大会社の部長をやっていた人が定年を迎え、そ

の仕組みから外れる。

　それは、もの凄い喪失感を味わうことになります。それまで、その仕組みに頼り、その仕組みの中の上下関係に執着があったからです。それを失ったときに、気持ちや人への態度も変わります。不安や恐れの気持ちが高まるかも知れません。

　一方、執着がない人は、その社会的仕組みから外れても、何も変わりません。同じように人と接し、同じような生き方ができるでしょう。

　だから、この不安や恐れから根本から解放される手段はただ１つ。
すべての人とヨコの関係にあるという基本を持つということを、徹底させるのです。

　もちろんこれは、仕組みの中の上下関係を無視しろということではありません。ここ、誤解なきようお願いします。仕組みの中には「役柄」というものがあります。仕組みの中で、その仕組みを最も上手く活用するための役柄を演じているというくらいに考えてみるといいでしょう。

　そう、社会的仕組みとは設定されたドラマの舞台のようなものなのです。

　その舞台では、あなたがたまたま上司の役柄を演じ、相手もたまたま部下の役柄を演じているという感覚です。

「あなたと私は、人として絶対的にヨコの関係だけれども、この会社の仕組みの中で、たまたま上司と部下という上下関係の役柄をお互い演じている」ということです。

　先ほども言いましたが、とても頭のいい人でも、この役柄にしっか

59

りはまり込んで、人間の関係の本質を忘れてしまったりするのです。**この客観性のなさが、平等感を欠いたり、差別を生んだりするのです。** そして、その役柄を本当の自分だと勘違いして、その役柄に執着を持つようになります。

　関係性にまつわる不安や恐れについて、ここに簡単に書きましたが、自分自身の中にあるこれらを取り除きながら、相手に変化をもたらす存在になっていく方法を、これからのChapter2でお伝えします。
　このことに密接に絡んでくるのがあなたと相手の潜在意識です。この構造を説明しながら、どのような習慣を身に付けていくことが肝心なのかもお伝えしていくことになります。

Check Lists

- [ ] すべての悩みの原因は、対人関係にある
- [ ] 能力や年収が高いからと言って、自己受容度が高いとは限らない
- [ ] 自己受容は、「これでいいのだ」と心から思えているかどうか
- [ ] 所属欲求は、人間の根源的な欲求である
- [ ] 貢献感がもたらす幸福感は、人間にとっての最高レベルの幸福感
- [ ] 相手を変える習慣力を考えるにおいて、もっとも大事なことは相手との関係性
- [ ] コミュニケーションの真の目的の1つは、関係性の構築

- [ ] 人と人は基本的にヨコの関係にある
- [ ] 上下関係があるのは、あくまで社会的な仕組みの中での話
- [ ] 上下関係にこだわるのは、社会的仕組みに執着があるということ
- [ ] ヨコの関係を徹底させると、不安や恐れから根本的に解放される

chapter 2

相手の潜在意識に働きかける

01 答えは潜在意識の中にある

✓ 気付きの正体

さあ、ここからお伝えするのが、変化についての本質です。

メンタルコーチは、相手に変化をもたらすことを成果として求められる仕事です。

では、なぜメンタルコーチはそのような変化を、クライアントにもたらすことができるのか？

このメカニズムと要諦をお伝えしながら、相手を変える習慣力の身に付け方の最も大事な部分に迫りたいと思います。

コーチングと一言で言っても、実に様々なコーチングがあります。そして、大きく分けると2つの種類があります。

1つは、整理するコーチング。

ビジネスコーチングなどでは、この整理するコーチングをよく行います。

整理するコーチングは、クライアントが「本当に何がやりたいのか？」がわかっていたり、「何が本当の問題なのか？」を正確に把握したりしているケースに行います。重要なことはわかっているけど、いろいろなことが複雑に絡まり、重要度や優先順位がわからなくなっていたり、断捨離ができていなかったりするとき、それらを整理し、

見える化することによって、次に何をすべきかが明確になります。

これはどちらかと言うと、コンサルティングに近く、わかっていることの整理なので、頭を使い、論理的に物事を進めるコーチングです。そして、整理した後、ビジネスでの意思決定に関係するようなことが、コーチングセッションで行われます。

もう1つは、気付きを促すコーチング。

何千回を超えるコーチングの経験から感じることは、ほとんどの人は、「本当にやりたいことをわかってはいない」、そして「問題を正確に把握していない」ということです。

つまり、ほとんどの人は、**「自分の中の本当のことをわかっていない」**のです。

これがわかっていれば、整理するコーチングだけやっていればいいのですが、わかっていなければ、整理する意味もないですし、間違った内容をただ整理するだけになってしまいます。これでは、到底成果は期待できません。

このように、自分の中の本当のことに気付くのは、とても貴重な体験です。

コーチングを進める中で起こってくる気付きは様々。

「自分はこのことについて、怒りの気持ちでいっぱいだったけど、奥にあったのは、○○への恐れだったんだ」

「自分が気掛かりだと思っていたことは、××だと思い込んでいたけど、実は△△だったんだ」

「Xが問題だと思っていたが、本当の問題はYだったんだ」

「Aさんの仕事への口の挟み方が気に入らなかったけど、実は本当の意味での協力者だったんだ」

気付きとは、意識の中でわかっていなかったこと、わかっているようでわかっていなく、モヤモヤしていたことが、明確な答えとして出てくる状態です。

自分のことをわかっていない状態というのは、意識化されていない状態。そのことが、意識下になく、潜在意識に留まっている状態です。それがコーチングにより、潜在意識から意識（顕在意識）に上がってくることによって、気付きが起こります。

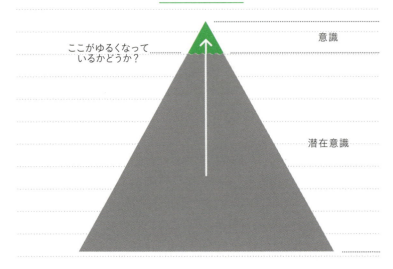

意識と潜在意識

コーチングを受けて、クライアントさんたちが口を揃えて言うことは、「スッキリした！」という言葉です。わかっているようでわかっていないというモヤモヤする状態だったことが、メンタルコーチングによって、気付きとして意識化されることによって、明確になり、スッキリとした気持ちになるのです。そして、この気付きが、現状の問題を解決したり、目標を達成するための一番自分らしいやり方を見つけるために役に立つのです。

　このように、気付きを促すコーチングとは、クライアントとコーチが協力し合って、クライアントの潜在意識に働きかけるコーチングです。
　コーチングではよく、「答えはクライアントの中にある」という言い方をしますが、厳密には「答えはクライアントの潜在意識の中にある」ということです。
　このコーチングでは、この「クライアントとコーチが協力し合って」ということが大きなポイントになります。この点についても、後ほど詳しくお話していきます。

　さて、ここで大事なことは、なぜ気付きが起こるのか？ということです。実はこの構造の中に、相手を変えるということを可能にする真髄があります。

　気付きが起こるというのは、相手の潜在意識に働きかけるから起こること。
そこで問題は、働きかけても、相手の潜在意識が素直に反応してくれるかどうかにあります。

素直に反応してくれないと、意識と潜在意識の境目が固く閉じられ、潜在意識から気付きが上がってこられなくなります。**大事なことは、この境目が鋼鉄の扉のようになっているか、それともゆるい状態になっているかにあります。**

Check Lists

- [ ] 気付きが起こるのは、相手の潜在意識に働きかけるから。

- [ ] 気付きは問題解決や目標達成に役立つ。

- [ ] 気付きとは、モヤモヤとしたことが、潜在意識から明確な答えとなって出てくる状態

- [ ] 気付きが出てくるかどうかは、意識と潜在意識の境目がゆるくなっているかによる

02 潜在意識はこうして発揮される

✓ 承認の本質

　ところで、「そもそも相手の潜在意識に働きかけるって、一体どうすればいいの？」という疑問を持つ人は多いと思います。簡単に言うと、**相手との深い信頼関係を築けば、相手の潜在意識に働きかけることができます。**

　そのためには、「傾聴」や「ラポール」と言われるテクニックをはじめとした様々なスキルや方法があります。

　ラポールとは、臨床心理学用語であり、フランス語で「橋をかける」という意味です。ラポールがある状態とは、相手と心が通じ合い、互いに信頼し、受け入れ合う状態。この状態や、この状態をもたらす技術をラポールと呼んでいます。

　しかし、ここではこういった技術的な解説は後に回します。なぜなら、傾聴やラポールを技術だけでやっても、本当のラポール状態は築けないからです。大切なことは、もっと根本にあります。

　そんな中で、この本でお伝えしたい最も大切なことは、『承認』ということです。

　私は、著書『自分を変える習慣力』の中で、「承認だけをテーマに本が一冊書ける」と言っていましたが、この本のメインテーマは、実はこの承認であり、承認は相手を変えるということについて、最も重要なことでもあるのです。

では承認とは何でしょうか？

「議会の承認が降りた」

「これを進めるには、部長の承認が必要だ」

「これだけ一生懸命仕事をしても、一向に承認してもらえない」

などなど、言葉だけをまともに取れば、とても固い感じです。

ここでお伝えしたいのは、形式上や制度上の承認ではありません。気持ちや態度など、心の奥からの承認です。それは、**心から相手を認め、心で受け入れること。**

承認のまず第一歩は、相手を認めることです。

ここでちょっとイメージしてみてください。

目の前にあなたの友人がいるとします。その友人が長年取り組んできた資格試験に、ようやくの思いで合格をしたとします。あなたはずっとこの友人を応援し続けてきました。

あなたはこの合格を掴んだ友人を認めることができますか？

当然、認められますよね。認めるなどというレベルを超えて、一緒に大喜びするはずです。

では、目の前にいるこの友人から、今年もまた夢叶わなかったという報告を聞かされたらどうでしょう？

こちらは辛いですね。

ではこのとき、あなたは目の前にいるこの友人を認めることができますか？

一生懸命やっているんだけれど、今回もダメだった友人。そんな友人に対して……

「今回もダメだったけど、目の前のこの人は可能性のある存在なんだ」

と思うのか、

「何回やってもダメなあなたには無理がある。結局のところダメな存在」

と思うのか、どちらでしょう？ または、どちらの感じに近いでしょう？

ここで言う承認とは、「相手を可能性のある存在として見る」こと。大事なことは、**たとえ、相手が上手くいっている状態ではなくても、ちゃんとその可能性やその人自体の存在や価値を認めることです。**

合格できなかったことは、その人の今の状態なだけであって、その人の本来の姿ではありません。ポイントは、状態を見ているだけなのか？ それとも、相手の可能性や、その存在自体という、相手の本質を見ているのか？ という点です。

<u>承認している・承認していない</u>

承認している	承認していない
相手の存在を見ている	相手の状態だけを見ている
可能性を信じている	可能性を信じていない
レッテルを貼っていない	レッテルを貼っている
勇気を与えている	勇気をくじいている

資格試験に今回も落ちたという、**相手の今現在の状態だけを見てダメ出しするのか、それとも相手の可能性、つまり未来の能力をちゃんと承認するのかの違いです。**

　一方、「この友人がこの資格が必要な仕事に向いているとは思えない。その才能があるとは思えない。だから何回やっても受からないんだ」と思ってしまう場合もあるかも知れません。この場合、「それで、相手の可能性を信じろと言われても……」とも思われることでしょう。また、「向いているとは思えないからこそ、これ以上無駄な時間を使って欲しくない」という気持ちがあるかも知れません。
　では、この場合の承認とは何でしょうか？
　このとき、相手の存在を資格試験には受からないかもしれないけど、依然価値のある存在として見るのか？ それとも、資格試験も受からないような、価値のない存在として見るのか？ 前者の方が、相手への承認感が強いことは間違いありません。

　では、今度は、あなたの方がその資格試験を受け続けてきた本人だとイメージしてみてください。
　あなたは、何年もチャレンジし続けてきた。
　あなたは、いろいろなことを我慢して、多くの犠牲を払って取り組んできた。
　あなたは、くじけそうになる自分を奮い立たせてきた。
　それでもダメだった悔しい思い、情けない思いの中で、目の前にいる友人に今年も合格できなかったことを伝えます。

　そして、相手から返ってくる言葉の中から、あなたが受け取る感覚がこんな感じであったらどうでしょう？

- 「それでも、あなたは大丈夫」
- 「あなたは可能性のある存在」
- 「あなたは価値でいっぱいの存在」

どんな気分になるでしょうか？

そう思ってくれる目の前の相手に対して、どんな気持ちになるでしょうか？

一方、こんな感じであったらどうでしょう？

- 「今年もダメだったあなたは、ダメな存在」
- 「あなたには可能性はない」
- 「あなたは価値のない存在」

どんな気分になるでしょうか？

目の前の相手に対して、どんな気持ちが生まれるでしょうか？

あなたと目の前の友人との距離感は、先程とどう違ってくるでしょうか？

あなたの心は相手に対してどれくらい開いているでしょうか？

そして、次に向かう勇気はどう違ってくるでしょうか？

目の前の友人にダメ出しされたときの気分、いいはずがありませんよね。もし、先ほどあなたが友人にダメ出しをしていたとすれば、今回、そのダメ出しを受ける方の気持ちがどうなるのかが、よく感じられたのではないかと思います。そう、こうして人は、勇気をくじかれていくのです。

潜在力を発揮させる存在

承認感のなさは、勇気くじきにつながります。

逆に、どんな状態にあろうと、承認感に伴う勇気付けを繰り返されれば、人はその本来の可能性である潜在力を発揮しやすくなるのです。

- 「あなたは大丈夫」
- 「あなたは可能性のある存在」
- 「あなたは価値でいっぱいの存在」

こんなふうに目の前の人に信じてもらうことによって、人は勇気付けられ、前に進む力を与えられます。承認や勇気付けは、自分の足で立って、前に進もうとする力を増幅してくれるものです。先に述べた外発的モチベーションのように、甘やかしにつながるものとはまったく違います。

この勇気付けを大切にすることから、アドラー心理学は、別名、「勇気付けの心理学」と呼ばれています。この承認と勇気付けは、人が自分の力で前に進もうとすることを後押しします。このことから、「自立の心理学」とも呼ばれ、人が自立していく過程にとって、とても大切な事項や考え方を示唆してくれるものです。このため、アドラー心理学は、子育てや教育にも著しい成果を発揮してきました。

相手の可能性を信じること、そして相手のその存在自体の偉大なる価値を認めること。承認とそれに伴う承認感は、相手が前に進もうとする力を後押しし、相手の潜在力発揮の貴重な土台となるのです。

言い換えれば、相手を承認する存在になろうとすることは、目の前の相手の潜在力を発揮させる存在になろうとすることです。このように、相手を変える習慣力を身に付けるための第一条件は、相手の潜在力を発揮させる存在になる覚悟があるかどうかなのです。

　人は承認感を持ちながら、自分を勇気付けてくれる人に対して、心を開き、その存在や、その人の言葉をしっかりと受け入れます。そのことにより、両者の心の距離は縮まり、関係性は深まるのです。これが本当のラポールの状態（互いに受け入れあう状態）です。ラポールは、まずこちらから相手を認め、相手を受け入れることから始まるのです。

✓ 承認が潜在意識を動かす

　では、相手との信頼関係を築くことと、相手の潜在意識に働きかけることとはどんな関係があるのでしょうか？

　そして、相手を承認する存在になることが、相手の潜在力を発揮させることとどうつながるのでしょうか？

　潜在意識の特徴の１つは、**「安心安全第一で動く」**ということです。潜在意識は、安心安全が脅かされると感じることについては、その強烈な力で防御体制に入ります。いったん防御体制に入ると、テコでも動きません。潜在意識は、基本、変化を嫌います。変わるということは、安全を脅かされる可能性があるからです。潜在意識は、とても保守的なのです。

　ここでは、「脅かされていると感じるかどうか」がポイントです。逆に、潜在意識が安心している **『快の状態』** を利用して、習慣を身に付ける方法にChapter5で触れます。

潜在意識が脅かされていると感じていると、その安心安全欲求に従い、変化への活動を固く閉ざします。人間関係で言えば、相手からの承認感が感じられないとき、勇気くじきのメッセージが送られてくるとき、潜在意識はその安心安全欲求に従い、扉を固く閉ざします。**承認をしてくれない人、勇気をくじこうとする人は、安心安全を脅かす人だからです。**

　反対に、心からの承認を感じる人、勇気付けをしてくれる人には、安心安全を感じ、その扉が開かれます。これが、相手の潜在意識に働きかけるということです。
　このようにして、**相手の潜在意識が安心した反応をすると、潜在意識は変化をすることを許すのです。**そして、相手の中では変わっていくということへのマスターキーが外され、本当の意味で、あなたの言葉を受け入れるようになります。この状態をつくることができれば、相手を変えることができる最も大切な基本条件が整います。だから、会話のテクニックやスキル以前に、この心からの承認の習慣が必要なのです。

　さらには、このようにして、相手の潜在意識が安心した反応をすると、意識と潜在意識の境目がゆるくなります。意識と潜在意識の境目がゆるくなることによって、先程からお話ししている"気付き"も起こりやすくなります。潜在意識の中にある貴重なものが、阻まれることなしに、意識まで上ってきやすくなるからです。

　この"気付き"によって人は変わっていきます。人が自らの問題を解決するための、そして変化するための"気付き"を、どんな人に対しても起こすことができるのが、本物のメンタルコーチです。

この本は、あなたがプロのメンタルコーチになることを指南する書ではありませんが、あなたに、**「相手に気付きをもたらす人」**、**「相手の潜在力を発揮させる人」**、そして**「相手を変えることができる人」**になっていただきたいという願いを込めて書いています。それは、あなたに留まらず、あなたのまわりの多くの人々のためでもあります。

　ここでは、そのための本質を書いてきました。その本質を習慣力というかたちで身に付けるための内容をさらに続けていきます。

Check Lists

- [ ] 承認や勇気付けが、相手の心を開く
- [ ] 相手との深い信頼関係を築けば、相手の潜在意識に働きかけることができる
- [ ] 傾聴やラポールの技術だけでは、本当の信頼関係を築くことはできない
- [ ] 承認は、相手を変えるということについて、最も重要なこと
- [ ] 承認とは、相手の可能性やその人自体の存在を心から認めること
- [ ] 承認感にともなう勇気付けが繰り返されれば、人はその本来の可能性である潜在力を発揮しやすくなる

- [ ] 潜在意識は"安心安全"第一で働く
- [ ] 相手の潜在意識が安心すると、潜在意識は変化をすることを許す

Chapter 3

大事なことは
スキルではなく
承認すること

01 相手を変えたいなら、変えようとしない

✓ ホームレスが人気講演家に

　私の友人に、講演家として、そしてメンタルコーチとして大成功をおさめているＳ君がいます。講演家として、世界規模の講演の舞台も経験しており、講演となれば、すぐに数百人が集まり、受け切れないほどの様々なオファーが次々と殺到しています。

　驚くことに、このＳ君、実は数年前はホームレスだったのです。街中で世を恨むような言葉を大声で張り上げるようなことも幾度となく行ったと言います。ほとんどの友達と縁を切られ、信じられるものが、自分の中にも外にもないような人生を送っていました。やっと働く口を見つけても、理不尽な理由でクビになったりすることも繰り返されたそうです。

　Ｓ君は、かつて生死をさまようような大事故を経験したこともあり、そのときの障害を今も抱え続けています。そのこともあり、彼が勤めていたある介護の職場では、理不尽な差別も受けたと言います。それに加えて、職場での容赦ない言葉が、Ｓ君の勇気をくじきまくりました。

　ホームレスになるような奴、仕事が捗らない奴、この職場にいらない奴、人間として価値のない奴。

　無力感と失望感だけが心の中にある日々が続いたと言います。職を転々とし、あてどもないような日々が続きました。

そんな中、それまでになく長く勤めることができた職場がありました。それまでにはない環境でした。制度や設備が大きく違っていた訳ではありません。相変わらず容赦ない言葉を浴びせる上司や同僚もいました。たった1つの大きな違いは、**その職場には、そんなS君をしっかりと受け止めてくれている人がいたのです。**

　その人と一緒にいる時だけは、S君は自分の存在を認められている感じがして、本音を素直に伝えることができました。このたった1人の存在が、S君に生きる勇気を与えてくれたのです。

　そしてある日、その人から言われました。
「S君、このセミナー申し込んでおいたから行っておいで。その間の君の仕事、私がやっておくから」
　セミナーのパンフレットを見せられましたが、そのときのS君には、そんなセミナーの代金を払えるようなお金はありませんでした。お金がないことから、断りの言葉を告げると……
「大丈夫、お金のことは心配しないで。私が出しておいたから」と伝えられました。
　それでも、そんなことをしてもらう訳にはいかないと、再び断ると……
「S君、私はあなたに行って欲しいの。あなたの可能性を信じているから」
とその思いを伝えられました。

　そして、このセミナーで大きなものを掴んだS君の人生は急激に変化していきました。自分が生まれ変わってきていることを実感できる日々が続くようになりました。
　その後、運命的な縁からメンタルコーチングにも出会い、コーチと

しての修業の中から、さらに様々なことを学んでいきました。学ぶにつれ、自分のつらかった経験こそが、コーチとしての自分の大切な土台をつくってきてくれたことを確信し始めました。

そしてついには、政治家や芸能人、スポーツの世界チャンピオンのメンタルコーチとして活躍し始めることになるのです。さらには、TEDという世界的な舞台で、多くの観衆に向かい、堂々と講演するS君が誕生することになるのです。

かつて勇気くじきを繰り返されたS君。そんな中、**彼を承認し続けてくれた人がいなければ、一体彼はどうなっていたことでしょう？**

決して良いとは言えなかった、むしろ悲惨だった当時の彼の状態に注目するのではなく、彼の可能性と根本にある彼の本当の素晴らしさを信じ、承認し続けてくれた人が、たった1人でもいたことが、S君の現状を変え、その無限の可能性を開花させたのです。

S君を変えたのは、そのセミナーではありません。それは、彼を信じ続けてくれたたった1人の存在だった、その人に他なりません。S君を変えたその人は、プロのコーチでもなければ、ましてやコーチングのコの字も知らなかった人なのです。それでも、**心からの承認と勇気付けの行為さえあれば、目の前の人は変わっていくのです。**

✓ ダメ出しから承認へ

さて、相手を変えたいと思うとき、あなたはどんなことをするでしょうか？

ここでまたちょっとイメージしてみてください。「変わって欲しい人」と言ったとき、あなたの頭に浮かんでくるのは誰の顔ですか？

顔が浮かんで来たら、その人が今、あなたの目の前にいるとイメー

ジしてください。

　実際に椅子やクッションを目の前に置いて、あたかもその椅子にその人が座っているとイメージしてみると、よりイメージしやすいかもしれません。

- 目の前のその人を見て（イメージの中で見て）、何を感じますか？
- どんな気持ちになってきますか？
- どうしてその人に変わって欲しいのでしょうか？
- どんなふうに変わって欲しいのでしょうか？

　いろいろなイメージが湧いてきたのではないでしょうか。自分の思いについての、意外な気付きがあったかもしれません。
　そんな中、あなたはこの目の前の人をどんな存在として見ていたでしょうか？
　そして、どんなことを言いたくなり、どんなことをしたくなりますか？

- 「あなたの〇〇〇な点は問題だから、変えた方がいい」
- 「あなたは人に△△△な態度を取るから、直した方がいい」
- 「あなたは怠け者だから、ちゃんと勉強（仕事）をして欲しい」
- 「あなたは人の気持ちをわかっていないから、何とかして欲しい」

　例えばこんな感じでしょうか。ついこんな感じに思ってしまいますよね。
　相手を目の前にすると、より"変えたい"という思いを強くするか

もしれません。あなたは、このようなことを良かれと思って、心に強く思ったり、言葉や態度で相手に伝えたりするのでしょう。

しかし実は、ここに目の前の相手が変わらない根本的な原因があるのです。

一体どういうことか？

あなたは相手を変えようとしています。それが、態度や言葉などを通して相手に伝わります。このメッセージが強ければ強いほど何が起きるか？

ではここで反対に、次のようなメッセージが目の前の相手から、あなたに向かって来ているとイメージしてみてください。

「あなたのそういう部分どうかと思うから、直した方がいい」

どう感じるでしょうか？

素直に直す気になるでしょうか？

仮にその部分をあなたが自覚していたとしても、目の前の人からこういうメッセージが来たら、実のところなかなか素直になれないのではないかと思います。それは、あなたの気持ちだけでなく、潜在意識も抵抗を示している状態です。よしんば、あなたの気持ちが抵抗を余り感じていなくても、あなたの潜在意識がしっかりと抵抗しているのです。

相手を変えようとする気持ちは、相手にダメ出しをする気持ちです。「あなたは変わるべき」というメッセージは、相手にとっては「あなたはダメだから、変わる必要がある！」というメッセージになります。仮にダメ出しをしている気持ちはなくとも、相手の潜在意識

は、ダメ出しだと受け止めて、メッセージの送り手を「ダメ出しする人」と受け止めてしまう可能性があります。

だから、逆説的で、ちょっと変に聞こえるかもしれませんが、
相手を変えたいのであれば、変えようとしないこと
このことが、この上なく重要なのです。
「そんなこと言われても、変えようとしなければ、相手は変わらないじゃないか」と思う気持ちもあるかもしれません。

では、どうしたらいいのか？

まず、相手を承認するのです。相手を変えようと必死になる前に、相手の存在そのもの、そして可能性を承認する。ここが何よりも大事です。「君は、今はたまたまこういう状態だけど、君の本質は可能性に溢れている」というような見方です。

まず、相手を変えようとする前に、相手をしっかり承認することによって、相手はあなたのことを「認めてくれる人」、「勇気付けをしてくれる人」、さらには「気持ちをわかってくれる人」と感じます。そして、意識と潜在意識両方のレベルで、あなたのことを**「安全な存在」**とみなします。

これにより、相手の潜在意識の安心安全欲求は満たされ、相手はあなたのこと、そしてあなたの言っていることを受け入れる状態になります（意識と潜在意識の境がゆるい状態）。

これが変化への大切な第一歩なのです。そして、これが本当のラポールの状態です。

✓ レッテルを剥がす

　この「まず承認する」の承認の状態を、もう少し詳しく説明しましょう。

　相手を承認しているというのは、相手の存在そのものを承認して、相手の可能性を信じていること。逆に、承認していないとは、相手の現在の状態にダメ出しをしていて、**そのダメな状態が、その人の本質だと思い込んでいることです。**

　そう、これは"思い込み"なのです。

　前出のＳ君の場合、まわりのほとんどの人は、彼のかつての状態にダメ出しをして、そのダメな状態がＳ君の本質だと思い込んでいました。その結果、Ｓ君への勇気くじきが続いた訳です。本当はダメな奴などではないＳ君に、「ダメな奴」という思い込みのレッテルを貼っていただけなのです。

　一方、先程の話でＳ君を承認し続けてくれていた人は、Ｓ君のそのときの状態と、Ｓ君の本質を切り離して（レッテルを剥がす）、Ｓ君の本質を承認していたのです。

　つまり、この人にとっては、Ｓ君は、最初から"ダメな奴"などではなかったのです。

　だらしない生活を送っている、失敗したなど、相手が好ましくない状態である場合、相手のその状態にOKを出すことは、難しいことかもしれません。

　しかし、相手の現在の状態と、相手の可能性と本来の存在を切り離すことはできると思います。

レッテルを貼っている・いない

レッテルを貼っている	レッテルを貼っていない
相手の状態 ＝ 相手の本質	相手の状態 ≠ 相手の本質

✓ 若者たちが傷ついた心を開くワケ

私の知り合いにTさんという友人がいます。

Tさんは、半ばボランティアで、非行に走る若者の更生を手伝う仕事をしています。いわゆる不良と言われたり、暴走族と言われたりする若者たちが、彼らの本当に行きたい道に進むことをお手伝いする仕事です。

非行に走る若者たちは、訳あってその心を閉ざしています。彼らは、多くの人を受け入れません。いわゆる指導員という人たちが話しかけようとしても、相手にしようとしない場合が多いそうです。ひどい場合には、暴力行為に至ります。そんな危険な仕事でもあります。

そんな中、Tさんは、そういう若者たちの中に入って行って、一瞬のうちににこやかに会話を始めてしまうそうです。
そしてTさんは若者たちに聞きます。
「何がしたくて、こういうことをしている？」

若者たちの目的は1つです。
自分の存在を認めてもらいたい

親からの愛情が感じられない

両親が離婚をして、家庭が崩壊している

学校の成績など、まわりに認めてもらえるようなものが何1つない

など様々な理由で、**彼らのこれまでの人生において、自分の存在を認められてもらえる居場所がなかったのです。**

「人は所属感を渇望している」とアドラーは言います。

だから、自分の存在を認めてくれるところであれば、その居場所がたとえ不良グループであろうが、暴走族グループであろうが構わないのです。

不良グループに属する若者たちが、街中でも目立つような特異な恰好をすることも、暴走族グループに属する若者たちが、近所に大迷惑な爆音を立てながら疾走するのも、「私はここにいるよ！」と主張する、彼らの悲痛な心の叫びなのです。

彼らの心は、自分の存在を認めてもらうことを渇望しています。彼らはそのために、今、こういうグループに属することを選択しているのです。むしろ、他の方法が見つからない、と言ってもいいのかも知れません。

Tさんは言います。

「やっていることは、決していいこととは言えませんが、彼らがこのような状態になってしまったのは、仕方がなかったんです。彼らは、幼いときから、様々な勇気くじきを受け続けてきたのです」

だからTさんは、不良や暴走族をやっている相手の状態にすらOKを出します。そして、同時に彼らの本来の存在自体と、無限の可能性に100%の承認をしているのです。

Tさんにとって、目の前の若者たちは、不良でも、暴走族でもありません。そんなレッテルは、Tさんにはないのです。**そこにいるのは、可能性の塊であり、力の結晶である若者たちなのです。**本来はそんな存在である若者たちが、たまたま勇気くじきにあい続け、たまたま不良や暴走族という"状態"になっているだけ、とTさんはとらえます。状態と本質の切り分けがされているのです。

　自分の可能性や本質を承認してくれているだけでなく、自分の今の状態にさえOKを出してくれているTさんを前に、若者たちの固く閉ざした心はたちまちに氷解していきます。そして、彼らの意識と潜在意識の境目もゆるゆるな状態になっていきます。
　Tさんという存在を、全面から受け入れる体制ができている状態です。

　そして、Tさんは大事な質問をします。
「本当はどうしたい？」
　ちなみにこれは、実はメンタルコーチングの中でも、最も重要な質問の1つです。

　Tさんのこの質問は、若者たちの氷解した心の中に深く入っていきます。そして、その潜在意識に火を付けます。

　ほとんどの子たちは、涙ながらにこう答えると言います。
「本当はこんなことしていていいとは思っていないんだ。本当は、ちゃんと仕事して、ちゃんと家庭を持って、ちゃんと子どもも育てたい。そのためには、勉強もしなければいけないと思っている」

幸運にもTさんと出会うことができた若者たちは、その本来の力（潜在力）を発揮しながら、自分自身が本当になりたい道に進んでいくと言います。そして、本来の居場所を見つけることができるのでしょう。

　もちろん、この先、紆余曲折、艱難辛苦はたくさんあるでしょう。でも、**信じてくれる人、承認を続けてくれる人がいる限り、前に進む勇気は常に充電されていくのです。**

その人のありのままと可能性を見つめることで相手が変わる

Column 1

信じることで、相手の潜在力が開花する

　教師が子どもたちをどう見るかで、子どもたちの潜在力の発揮度合いが違ってくるということを、ある研究が証明しています。

　ハーバード大学のローゼンタール博士は、ある実験をしました。それは、ある小学校の小学1年生3クラスで行われました。各クラス担任教師に、それぞれのクラスの約2割の子どもたちが、「才能が開花する可能性を持っている」と伝えました。しかし、各クラスにおいてその約2割の子どもたちは、実は、ただランダムに選ばれたに過ぎなかったのでした。

　一方、3人の教師たちは、その約2割の子どもたちに特別な潜在力があることを信じて授業を進めていきます。そして、8か月後に子どもたちのIQのテストが行われました。すると、このランダムに選ばれた子どもたちのIQの変化の平均は、27.4ポイントと、その他の子どもたちの平均であった12ポイントを15.4ポイントも上回る結果となったのです。

　これは、相手の可能性を信じ、承認をすることだけで、実際に目の前の人たちの潜在能力の開花がより進むということを証明しています。承認が、相手をしっかりと変えていくのです。

　※『なぜ稲盛和夫の経営哲学は、人を動かすのか？』岩崎一郎 著（クロスメディア・パブリッシング）より引用

Check Lists

- [ ] 心からの承認と、勇気付けの行為さえあれば、目の前の人は変わっていく
- [ ] 相手を変えたいのであれば、変えようとしないこと
- [ ] 相手の現在の状態と相手の本質を切り離すことで、レッテルを剥がすことができる
- [ ] 信じてくれる人、承認を続けてくれる人がいる限り、前に進む勇気は常に充電されていく

02 誤魔化しは通用しない

✓ あなたはどんな存在？

さて、ここで再び、あなたが「変わって欲しい」と思っている人の顔を思い浮かべてみてください。

できれば先程と同様に、椅子やクッションをあなたの今いる位置の前に用意して、あたかもその人が、その椅子やクッションに座っているとイメージしてみてください。

そして、その人の気持ちになってみてください。椅子やクッションを用意している人は、その椅子やクッションの位置に実際に移動して、ちょっと変な話ですが、**まるでその人になったような感じになってみてください。**

その人から見た、あなたは、その人にとってどんな存在でしょうか？

- あなたに心を開いている人？　or　閉じている人？
- あなたを承認してくれる人？　or　ダメ出しする人？
- あなたに勇気付けをしてくれる人？　or　勇気くじきをする人？
- あなたにとって安全な人？　or　危険な人？

自分自身のどんな面に気が付いたでしょうか？

例えば、承認してくれている度合や安全度は、100点満点で言うと何点ぐらいでしたしょうか？

何となく感じた感覚で構いませんので、点数を付けてみてください。

それがあなたの、その人についての「承認度」です。

これからやることは、この点数を少しずつ上げていくことです。何事も一気に上げることは困難です。でも、少しずつ上げることはできるでしょう。

そのための第一歩は、「レッテルに気付く」ことです。目の前の相手に貼っているレッテルに気付くことで、次の段階である「レッテルを剥がす」に進むことができる可能性が出てきます。

レッテルが貼られていると、どんどんそのレッテルに意識が集中して、それが肥大していきます。**人間は注目することが、その意識の中で肥大するのです。**

✓ 思っていることは身体に出る

人間が発するメッセージには、大きく分けて2つあります。1つは、言語によるメッセージ。もう1つは言語以外のメッセージです。これを非言語メッセージと言います。

メンタルコーチがコーチングセッションでしていることの大半は、「質問」と「傾聴」です。適切な質問をしながら、相手の言うことをしっかり聴くということです。話している量の割合は、クライアント8に対してコーチ2、もしくはそれ以下という感じです。このため、セッションの時間のほとんどは、クライアントが話しているという状

態です。

　クライアントが話すとき、言語と非言語のメッセージが、合わさってコーチに届きます（みなさんの会話すべてがそうですが）。大半のコーチがそうだと思いますが、私は、言語で話される内容はもとより、クライアントの表情、しぐさ、視線、声のトーンなどにも深く注意して話を聞き続けます。いわば「全感覚」を総動員して、話を聞いているのです。それは、**この非言語によるメッセージをしっかり受け取ることがとても大切だからです。**

　わかりやすい例を挙げます。ある状況で、2人の人があなたの要請に対して、それを受ける返答をしたとします。
　ある人はこんなふうに答えました。
「わかりました。やります」
　もう一方の人も答えました。
「わかりました。やります」

　言語メッセージの内容としては同じです。
　しかし、非言語で伝わってくるメッセージは違っていました。最初の人は、こちらに視線を合わせ、豊かな表情で、拳を強く握りながら、力強い声のトーンで、「わかりました。やります」と伝えてくれています。そして、もう一方の人の場合は、うつむき加減で、半ばため息をつきながら、弱いトーンでの「わかりました。やります」でした。

　これらをあなたはどう捉えるでしょうか？
　どちらの人の方が「やります」の内容を実際に実行する確率が高いと思いますか？

このように、言語メッセージという点では、一言たりとも違わなくても、非言語メッセージの違いにより、伝わってくるものが大きく違います。非言語メッセージとは、それほど影響力のあるメッセージなのです。

　だからコーチは、この非言語メッセージを注意深くキャッチしようとします。そのために自分の感覚の鋭敏性を高めるトレーニングをしたりもします。**多くのケースで、言語のメッセージよりも、この非言語メッセージの方が真実を語るからです。**

　例えば、クライアントから「私はこれが良いと思っているのです」というメッセージが出された場合、本当に良いと思っている場合と、良いと思い込みたいがためにそう言っている場合とがあります。

　それは、言葉からでは判断できません。

　だから、表情やしぐさや声のトーンなどの非言語メッセージから読み解く必要があります。

　このため、クライアントの言葉の内容だけを鵜呑みにしてセッションを進めると、話があらぬ方向へ行ってしまい、大切な結果が出しにくくなってしまうことも起こりえます。いかにクライアントの真実に迫るかが、コーチの仕事なのです。

　クライアントの真実は、クライアント自身も気付いていないケースも多々あります。真実が、クライアントが「良いと思い込みたい」という状態で、それをクライアント自身が気付いていなかったとしても、コーチがクライアントから発せられる非言語のメッセージから来る違和感（言語メッセージと非言語メッセージの不一致感）に気付き、「本当にそう思っていますか？」と問いかけることによって、ク

ライアントは真実に気付くのです。

　一方、人は多くの場合、この非言語メッセージをかなり正確に受け取ります。**人間というのは、実はかなり感覚的な生き物なので、無意識レベル（潜在意識レベル）で、この非言語メッセージをしっかり受け取っているのです。**「潜在意識レベルで敏感に嗅ぎ取る」という感じです。

　ご存知の人も多いと思いますが、有名なメラビアンの法則というものがあります。UCLA（カリフォルニア大学ロサンゼルス校）の心理学名誉教授のアルバート・メラビアンによる研究結果を基にした法則です。

　それは、「言語と非言語で異なるメッセージが発せられた場合（どちらともとれるメッセージが発せられた場合）、人は何を信じるか？」についての研究結果です。

　これは、先程の「わかりました。やります」の後者のケースについてのことです。
　言葉では、「わかりました。やります」と言っていますが、表情やしぐさや声のトーンなどの非言語メッセージが、うつむき加減で、半ばため息をつきながら、弱いトーンであった場合、人間はどのメッセージを信じるか？ ということです。

　メラビアンによれば、言語と非言語でどちらともとれるメッセージが発せられた場合、メッセージ伝達に占める割合が、

言語メッセージ	7％
声のトーン	38％
身体言語（表情、しぐさなど）	55％

であるという研究結果であったと言います。

つまり、この「わかりました。やります」の場合、「やる」という気持ちを信じることへのこの言葉の内容からの影響は、わずか7％に過ぎないということです。

ここにあるパーセンテージの正確性はともかくとして、言えることは、**「人は人の真意を、言葉よりも、言葉以外からのメッセージで感じ取る」**ということです。

表情・しぐさ・視線・声のトーンなど「非言語メッセージ」を受けとることが大事

✓ 心からの承認を持つこと

　言語メッセージが、意識でコントロール（気持ちとは裏腹な言葉を発すること）が可能なように、非言語メッセージ（身体メッセージ）も、ある程度コントロール可能です。これは、「口から誤魔化し」ができるように、「身体から誤魔化し」もある程度可能であるということです。

　しかし、問題はあくまである程度ということなのです。言語は意識とつながっています。だから、意識でコントロールできるのです。意識をしっかり持てば、ほぼ100％コントロールできると言ってもいいでしょう。

　一方、身体は潜在意識と直接つながっています。高層ビルの屋上へ昇って、展望室から下を覗いて、お腹のあたりがキュッとなったり、足が震えたりした経験がある人も多いことでしょう。

　このとき、意識では「安全だから大丈夫」と思っていても、潜在意識は「いつもの状態と違って危険だ！」ということを感じて、身体に危険信号を発信しているのです。

　このように、潜在意識は身体と直接つながっていて、潜在意識からの信号は瞬時に身体に出るのです。

　意識では、そして頭では「安全だから大丈夫」と思っていても、足の震えが止まらない。これは意識だけでは身体をコントロールし切れていない状態です。だから、足の震えを止めるには、潜在意識を安心させてあげる必要があるのです。

　このように意識だけでは、身体をコントロールし切れません。つまり、**意識だけでは、非言語コミュニケーションをコントロールし切れ**

ないのです。先程の例で、本当はやる気のない人が、仮にやる気を装って、表情やしぐさや声のトーンをコントロールしながら、「わかりました。やります」としても、非言語メッセージのどこかに"ほころび"が出てしまうのです。

　人の感覚は、そのほころびを見逃しません。1回だけの話ならまだしも、日頃から何回も接触していれば、ほころびは察知されます。さらには、ハッキリとわからないまでも、「何となく信じられない」という感覚になるのも、人は相手の言語メッセージと非言語メッセージの不一致感を、感覚で感じ取っているからなのです。
「不自然な笑い」などは、この典型的な一例です。

　このことが、私がスキルの説明を後回しにしている理由です。
　つまり、**相手を変えることができるようになるための最も大事なことは、スキルではなく、心の底からの承認感を持つことなのです。**
　スキルや意識だけで制御できる"えせ承認"を訓練してみても、人の非言語メッセージ（身体メッセージ）には、ほころびが必ず生じ、相手はそれをしっかりとキャッチするのです。特に、相手をコントロールしようとする目的でするえせ承認は、相手の潜在意識の拒絶反応を確実に生みます。

　つまり、たとえ傾聴をはじめとした、ラポールのスキルをテクニックとして駆使したとしても、心がちゃんと目の前の人を承認してなければ、それが無意識のうちに非言語メッセージとして相手に発信されるのです。
　スキルだけで誤魔化そうとしても、人間のその動物的な本能が嘘を見破るのです。だから、スキルだけを覚えても何の効果も出ないどころか、逆に相手の潜在意識に疑いと警戒の念を深めていくだけの結果

になってしまうこともあるのです。

　反対に、S君を承認してくれた人や、Tさんなどは、ラポールなどのスキルなど知らなくても、その深い承認力だけで、目の前の人に根本からの変化をもたらすことができるということでもあります。

✓ 褒めるに潜む危険性

　ここで、ちょっと違う観点ですが、もう１つ大切なことをお伝えしておきます。

　先に、**「子どもや部下を褒めるというのも、外発的モチベーションのうちに入る」**と述べました。昨今、褒める技術とか、褒めて育てるなど、褒めることの有効性が注目されています。

　一方、この褒めるということには注意しなければいけない点があります。ここでも誤解なきようにしておきたいことは、褒めることを否定しているワケではありません。子育てにおいても、もちろん、けなすよりも褒める方が良いと考えます。

　注意点は、その褒め方にあります。

❶ 褒めることも刺激なので、同じ褒め方ではやがて刺激にならなくなる

　人間は慣れる生き物です。人から褒められて、最初はうれしいのですが、同じことを繰り返されると、やがて刺激がなくなります。褒めることで、相手がモチベーションを上げ続けてくれるためには、仕事や勉強などにおいて相手がどんどんレベルを上げていってくれる必要があります。でないと、こちらとしても褒める言葉がなくなってしま

います。

　また、仮に相手のレベルがどんどん高くなって、それに準じて褒めていくと、相手の中に"奢り"というものが生まれてくる可能性も生じます。

❷ 褒めてもらうことが目的になると、褒めてもらえない状態の場合、自己否定が始まる

　例えば、「○○ちゃんは、算数がよくできるねえ」というような褒める行為が、相手にとっての報償となると、勉強することの目的が「褒められるため」になってしまう場合があります。この場合、その目的のためとは言え、子どもが一生懸命勉強するというメリットがあります。

　一方、良い点が取れないことが続いた場合はどうでしょうか？ こちらとしても褒めようがなく、子どもも褒めてもらえない自分を自己否定し始めます（それを覆そうとするガッツがある子は大丈夫ですが）。

　親は自分自身の肯定感を高めるために、子どもをその代替に使う場合があります。子どもがいい高校や、いい大学に入ることによって、親自身が自己肯定感を高めたいというのは、その典型的な例です。「自分の子どもがいい大学に入るのは誇らしい」という気持ちは、どの親もあると思いますが、これが行き過ぎて、子どもがいい大学に入ることが、親自身の自己肯定感を高めるための強い目的となってしまうと、極端な言い方をすると、**子どもが親のための道具と化してしまうのです。**

　このとき、子どもに勉強してもらうための手段として、"褒める"という報償を多用すると、子どもの道具化が進みます。その結果、良

い点数を取れない息子/娘＝価値が低い、という考え方が生まれ、子どもたちを自己否定の世界に送り込んでしまうのです。

❸ 的外れな褒め方をすると、かえってやる気をなくす

また、的外れな褒め方をすると、相手は「私のことを全然ちゃんと見ていてくれない」という思いになります。

これはやる気を失わせる原因になると同時に、あなたとの関係性を弱める結果となります。

優秀な部下や優秀な子どもに対しては、特に気を付けなければいけません。優秀な人は、褒めてほしいポイントがピンポイントである場合が多いので、ちゃんと観察して見てあげていないと、このポイントを外してしまいやすくなります。そうすると、「ちゃんと見ていないなあ」とか、「わかっていないんだなあ」ということになります。

これは、前出のデシ教授が言っている**「外発的モチベーションの付与が、内発的モチベーションを下げる場合もある」**というケースです。下手に"褒める"という外発的モチベーション（報奨）を与えてしまうことにより、大切な内発的モチベーションまでも下げてしまう結果となるということです。

仕事で大きな成果を残し、内発的モチベーションが高まっている人に、それに不相応な報奨を与えることによって、「この仕事の報奨がこんなこと？ 会社はこんな程度の評価しかしていないということか……」と、せっかく高まっていた内発的モチベーションまで下げてしまうようなケースと一緒です。

相手が優秀であるないに関わらず、相手のことをちゃんと見るという姿勢と**褒めるという行為を、相手をコントロールする目的で使わな**

い、ということが極めて大事なのです。

❹ 基本的に上からの目線なので、失礼な感じを与えることがある

例えば、上司と部下がいるとします。ちょっと上司の立場になってイメージしてみてください。あなたの部下はかなり英語が達者です。そんな部下があなたに向かってこんなことを言ったらどうでしょうか？

「〇〇さんもけっこう英語がいけますね」

どんな気分がするでしょうか？

ちょっと上から見られている感じがしたのではないでしょうか？ でも部下は、あなたの英語力に感心して褒めてくれています。悪気はありません。そんな状況でも、この褒めるという行為が、上司に不快な感じを与えてしまう場合があるのです。

このように、**基本的に褒めるという行為は、相手を評価する行為です。** だから、こちらの悪気がなくても、逆効果にさえなってしまう場合があるのです。

いろいろお話ししましたが、もう一度言います。私は、褒めるということを否定しているのではありません。

お伝えしたいことは、褒めることは万能薬ではなく、いろいろなデメリットも存在しているということです。特に**相手をコントロールする目的で褒めることは、大変に危険です。** 極力避けることをお勧めします。

ここでも大切なことは、「承認」です。相手の可能性と存在を心か

ら承認しながら、その上で褒めたいと思う気持ちが自然に出てきたら、その気持ちを自然に言葉にすれば良いのです。その場合も、結果よりもプロセスを褒める、例えば、「すごくいい成績だね」よりも「よく頑張ったね」という褒め方を習慣付けることをお勧めします。

一歩間違えば「褒め方」ひとつで相手のやる気を損なう

Check Lists

- [ ] 言語のメッセージよりも、非言語のメッセージの方が真実を語る

- [ ] 潜在意識からの信号は、瞬時に身体に出る

- [ ] 意識だけでは、非言語コミュニケーションをコントロールし切れない

- [ ] 相手を変えるために最も大事なことは、心の底からの承認を持つこと

- [ ] 褒めてもらうことが目的になると、褒めてもらえない状態の場合、自己否定が始まる

- [ ] 的外れな褒め方をすると、大切な内発的モチベーションさえも下げてしまう結果にもなり得る

Chapter 4

相手を
変えることが
できる人

01 自己肯定感と向き合う

✓ 自分自身へのダメ出しをしていませんか？

　ここまで読んでいただいて、承認について、あらためて深い理解をされたと思います。**承認が、相手を変えるための最も大切な土台である**ことも理解されたのではないでしょうか。

　ここで、こんな心の言葉が出てくる人がいるかもしれません。
「そうは言っても、人を承認することは簡単ではない」
「とてもTさんのようにはなれない」
「承認できる人と、できない人は自ずと出てきてしまう」

　あるいは、こんな言葉も出てくるかもしれません。
「承認する力というものを、一体どうやって強めていくことができるのだろう？」

　いずれにしても、「自分にできるのだろうか？」という気持ちにある人がいると思います。仮に、あなたが「承認が大切なことも、承認をすれば相手を変える土台ができることも、ここまででわかったが、変わって欲しい人たちの顔を思い浮かべると、どうも承認などできそうもない」と思っているとしたら……

　ここで質問です。

あなたは、あなた自身の可能性（相手を承認できる自分になる可能性）を、どれくらい信じているでしょうか？

どれくらい自分自身を承認していますか？

どのように、どのくらい自分にダメ出ししているのでしょうか？

「自己肯定感」というものがあります。これは、どれくらい自分自身を認めているか、どれくらい自分にOKを出しているかの指標です。ここで、一度あなたの自己肯定感がどうであるか、自分に問いかけてみてください。

あなたは自分自身のことをどれくらい認めていますか？

普段からどれくらい自分にダメ出しして、どれくらいOKを出しているでしょうか？

100点満点としたら、だいたい何点くらいでしょうか？

> あなたの　　　年　　月　　日時点の
> 自己肯定感
>
> _____ 点

「何でこんなこともできないんだ」

「何でこんなこともわからないんだ」

「何でこんなふうに考えてしまうんだ」

もし、こんなことを毎日たくさん自分に問いかけているとしたら、それは自分に対してダメ出ししているということです。これは、言わば、自分自身への勇気くじきを繰り返している状態です。

一方で、
「これいいんだ」
「いろいろあるけど、よくやっている」
「次はきっとできる」

　このような自分への投げ方は、自分へのOK出し、つまり承認です。自分自身の可能性を信じ、自分自身にちゃんと勇気付けをしてあげていられる状態です。

　これを読んで、自分に対してのダメ出しが、思っていた以上に多いことに気付いた人は、「何でこんなに自分にダメ出ししてしまうんだ」などと、そんな自分に追い打ちのダメ出しなどしないであげてくださいね。
　先程付けた点数は、あくまでもあなたの現在の状態です。もし、低くても安心してください。それは、あなたの本質ではありません。この本を手に取ったあなたは、この点数をこれからどんどん高めていくことができる機会を得ているのです。

✔ 自分の未来の能力を信じる

　可能性とは、「未来の能力」です。今現在の能力ではありません。多くの人は、今現在の能力だけを見て、未来の可能性を信じない。このように、未来の能力にも同様にダメだと決めつけることが、可能性を信じないことです。
　では、私たちは、未来の能力もダメだと決めつけることができるほど凄い予測能力を持っているのでしょうか？　言ってみれば、これは神レベルの予測能力です。

ある意味では、S君を勇気付け続けた人も、Tさんという存在も、「そんな神のような予測能力を自分は持っていない」とわかっている人なのかもしれません。だから、できること、つまり、「可能性を信じること」をやろうとしている人なのでしょう。

　まずはあなた自身の未来の能力への信頼を、あなた自身がしっかり持ってあげてください。それが、あなた自身への「承認」の第一歩です。
　そう、あなたは、もっともっと自分自身を承認し、そして、相手を承認できる可能性を持った存在なのです。

　ここで、「相手を変える」ということについて、大事なことをお話します。
　あなたの自己肯定感、つまり、**あなたが自分自身を承認している度合い、これこそがあなたが他の人たちを承認できる度合いに等しい**ということです。

　これは、先程付けた自己肯定感の点数が、あなたが目の前の人を承認できる現在の能力に等しいということ。つまり、**自分自身を承認できる人ほど、相手を承認できるのです。そして、自分自身を変えることができる人ほど、相手を変えることができるのです。**
　だから、相手を変えることができる土台をつくるためにまずやることは、あなた自身の自己肯定感を上げていくことなのです。

　ここで問題です。次の中で一番変えやすいものはどれでしょうか？
- あなた自身
- 目の前の相手

●目の前の相手との人間関係

　これは、自分から微笑むのと、相手に働きかけ、微笑みを生み出すのと、どちらが簡単でしょうか？　という問いに似ています。

　そう、何事もまずは自分からなのです。自分が変わっていくことによって、相手もそれに呼応して変わっていくのです。

　メンタルコーチや研修講師をやっていて、自己肯定感に悩む人が実に多い現状を痛感しています。自己承認をし、自己肯定感を上げるために大切なことを、これからお伝えしていきます。

「自己肯定感が低いな」と思っている人は、安心してください。自己肯定感を上げることは、あなた自身の潜在力の開発にもつながります。**あなた自身を承認し、勇気付ける力が増すことによって、自分で自分の潜在力を発揮していくことができるからです。**

　ここまでのことを知って、どんな気持ちになるでしょうか？　そろそろ、ちょっとワクワクしたモードに入っていくのも良いかと思います。

✓ 自己肯定感が低くなってしまうワケ

　ここで、1つお伝えしておきたいことは、相対的に日本人の自己肯定感は低いということです。内閣府発表の平成26年度版「子ども・若者白書」に、日本を含めた7か国の満13歳から29歳の若者を対象とした、意識調査の結果が掲載されています。

　この調査によると、「自分自身に満足している」という項目では、日本の若者が「そう思う」もしくは「どちらかというとそう思う」と

答えた割合は、45.8％と2人に1人を切っています。これは、アメリカ、イギリス、ドイツ、フランス、スウェーデン、韓国を含む7か国中最下位のレベルで、1位のアメリカは86.0％、6位の韓国でも71.5％と、日本のそれとは大きな差が見て取れます。

　これは、日本の若者たちは、相対的に自分自身に満足している度合いが低く、自分のことを認めることができない度合いが高いということです。しかも、数字的には、世界の他の先進国に比べて、かなりの差が存在します。これは、若者対象の調査ですが、おそらく日本に住む人たち全体に言える傾向なのではないでしょうか。

　では、日本の人たちの能力はそんなに低いのでしょうか？
　私はそうは思いません。むしろ抜群に高いと言っても過言ではありません。**この調査の結果は、能力とは別問題なのです。**

　20年近く前、私はイギリスに留学していました。そこで経験したことの1つは、様々な面においての日本とのギャップでした。このギャップの中には、自分の中での再発見を含め、驚きがいくつもありました。海外での生活を通して、特に日本に生まれた人間としての誇りが沸き上がってきたことは、その精神性の高さの再認識でした。

　サッカースタジアムに行って、持ってきたもののゴミは自分で持ち帰る。順番通りに並ぶ。買い物をしたら、「ありがとう」とお礼を言う。後の人のことを考えて、トイレやお風呂を使う。約束の時間を守る。こんな当たり前のことが、他の国の文化では当たり前には行われていなかったりするのです。海外では、日本の人たちがそういうことを当たり前のようにやることが、非常に高く評価されていることを実感を持って知りました。日本に生まれた人間としての誇りを深く再認識した次第です。

一方、日本人の能力の再認識については、計算能力をはじめとする基礎学力、全体を調整する力、スケジュール通りに事を進める力、チームを作っていく力、そしてクリエイティビティなど、どれをとっても、我々の優秀さをこの海外の地で強く再認識しました。あまりできないのは、英語ぐらいです。

　クリエイティビティとは、意外かもしれませんが、これは実は、日本人以外の人たちから聞いた、日本人に対する評価です。私がいた大学の大学院には、ヨーロッパはもとより、北米、南米、アフリカ、そしてアジアの各地から学生が集まっていました。非常に優秀な人たちでした。その彼らが口を揃えて言うのが、日本の独自性とそのクリエイティビティの高さ、ユニークさでした。日本の美、日本の技術革新の先進性、ノーベル賞の数などなど、日本人のクリエイティビティは世界の中でも群を抜いていると。

　お伝えしたいことは、先の調査の結果は、日本人の能力のことを言っているのではないということです。その能力は世界と比べても引けを取らない。取らないどころか、むしろ抜きんでている。

　では、どうしてこういう調査結果になっているのか？

　その背景には、「日本人特有の厳しさ」が挙げられます。日本人は、その文化的背景から、非常に規律正しく、自分に厳しい。さらには"謙虚"という美しい文化があり、控えめでいることが美徳とされている。そのため、自分自身に設定しているバーが高いのではないかと思います。能力が高くても、設定しているバーが高ければ、この調査で言う満足度は自ずと低いものになっていきます。

また、その厳しさから完璧主義的になりがちで、できているところより、できていないことに注目する傾向があります。意識という面では、心理学的に言うと、**「注目するところが心の中で肥大する」**という特徴があるため、できていないことに注目すると、1日の時間の中で、そのことについて考えている時間が長くなり、「できない自分」は、実態以上に自分の心の中で肥大していきます。この肥大が続くと、自分に対するダメ出しが始まってしまうのです。

　このダメ出しが、先の調査で言う自分に対する満足度をどんどん下げていく結果になっていると考えられます。**能力の問題ではなく、注目するところの問題なのです。**

　できていないことばかりを注目していると、そこが肥大し、自分に対するダメ出しと勇気くじきが繰り返される。これで自分自身に対する満足度や、承認度が高くなるはずもありません。

Check Lists

- [ ] 未来の能力にもダメと決めつけることが、可能性を信じないこと

- [ ] 自分自身を承認している度合いが、相手を承認できる度合いに等しい

- [ ] 自分自身を変えることができる人ほど、相手を変えることができる

- [ ] 自分自身を承認し、勇気付ける力が増すことによって、自分で自分の潜在力を発揮していくことができる

- [ ] できているところより、できないことに注目すると、ダメ出しが始まる

- [ ] 自己肯定感は、能力の問題ではなく、注目するところの問題

02 自分の潜在力を発揮する習慣

✓ 自分の良いところに注目する習慣

では、あなたは、自分自身の良いところやできているところに注目する傾向がありますか？

それとも、良くないところやできていないところに注目する傾向がありますか？

ここでご提案したいのは、自分の良いところ、できているところに注目する習慣です。

もし、あなたが、自分の良くないところやできていないところに注目する傾向にあるとしても、何も心配しないでください。それは、あなたの本質ではなく、まわりの環境によって作られたものだからです。生まれたときのあなたはそうではなく、親の影響、まわりの人間の影響、住んでいる地域の風習の影響、住んでいる国の文化の影響など、様々な外的な影響によって培われたのです。だから、あなたのせいではありません。つまり、これは後天的なもの。だから、**これから新しく、望ましい傾向を後天的に習慣付けていけばいいだけの話です。**

よしんば、先天的傾向としてあったとしても、後天的な習慣のパワーによって、自分の良いところ、できているところに注目する割合を増やしていくことは、十分に可能です。

実は私自身も若い頃は、どちらかというと悲観的で、自分の良くないところ、できていないところに注目する傾向がありました。しかしあるとき、単純に「それは損だ！」と思ったのです。だから、自分の良いところ、できているところに注目する習慣を徐々に付けていきました。

　そして、それに加速を付けてくれたのが、海外での経験や外資系企業での経験でした。欧米の文化では、会話の中でとにかく、Good、Perfect、Fantastic、Wonderful、Exciting などのオンパレードです。お互い良いところに注目して、盛り上げていこうとするノリがあります。このノリを自分の中にどんどん取り入れていきました。

　そして、何よりも決定的であったことがあります。
　それは……

「自分自身のドリームキラーであることをやめること」

　ドリームキラーとは、夢を打ち砕く存在。つまり、「ダメ」とか「無理」と言って、頑張ろうとする人の力を削ぐ存在です。人のやる気と自信をなくさせる存在でもあります。こういう人、あなたのまわりにもいませんか？　場合によっては、親が子どものドリームキラーになってしまっている場合もあります。

　こういう人のことをどう思いますか？
　嫌ですよね。できれば自分の周りにはいて欲しくない。しかし、人は悪気がなくても、ついついドリームキラーになってしまい、自分がドリームキラーであることすら、自覚していない場合が多いのです。
　認めたくはないかもしれませんが、**自分にダメ出しすることがある**

ならば、そのとき、あなたはあなた自身のドリームキラーなのです。

自分へのダメ出しは、自分に対する承認の欠如。それは、自分で自分のやる気を削ぐことであり、潜在力の発揮を自分で抑制してしまうことでもあります。

　ここでやってもらいたいことがあります。あなた自身の良いところと、良くないと思っているところを書き出してみてください。例えば、ある色の付箋に良いところを1枚に1つ、できるだけたくさんの枚数を書き出してみてください。そして、別の色の付箋に良くないと思っているところを書き出してみてください。

あなたの良いところ

あなたの良くないところ

いかがでしょうか？

もし、良いところより、良くないところの付箋が多かったら、ドリームキラーの傾向があります。そして、自分に対するドリームキラーをしがちなのは、ストレスの高い状態にあることも影響しています。ストレス値が高いと、自分の良いところよりも、良くないところの方に意識が行きがちになります。

私は自分自身のドリームキラーであることを止めてみました。でも、急には無理です。習慣化の手法（Chapter5でも詳しくお伝えします）に則って、徐々に行っていきました。

何かの失敗をしたとします。ここで「俺はこんなこともできない存在だ」というような自分の存在に対するダメ出しや、「俺には才能がない」というような**自分の可能性に対するダメ出しが出てきていることに気付いたら、自分の良いところ探しに切り替えてみるのです。**

これは、例えば「踏み出したからこそ失敗した。踏み出した自分を誇りに思う」とか、「失敗したけど、○○○という点では結構いい線いったじゃないか」とか、良いところ探しに意識を向けてみると、少なくともダメ出しの量は減っていきます。

それでも、「良いところがなかなか探せない」という場合は、ダメ出ししている自分、つまり、自分がドリームキラーになっている状態に気付いたこと自体を承認してみるといいでしょう。「よくぞ、自分が自分のドリームキラーになっていることに気付いた！」という感じの承認です。実は万事において、この"気付く"ということが、第一ステップとしてとても大切なのです。

また、先にやったように、自分の良いところを書き出すこともぜひ

習慣にしてみてください。「毎日寝る前に、自分の良いところを3つ書き出して寝る」というようなことでもいいでしょう。同じ内容が続いても構いません。これが日々しっかり潜在意識に浸透して、あなた自身に対する承認力を高めていきます。

そして、先のページの"良くないところ"の欄に貼ってある付箋は、「気付かせてくれてありがとう」という感謝を込めて、ごみ箱に捨ててしまいましょう。これは、自分自身のドリームキラーであることとお別れする儀式です。

自分自身を肯定し、自分への信頼を少しずつでも高めていくことを習慣化することによって、実は、あなたの脳内にオキシトシンというホルモンが増大していきます。オキシトシンの分泌が進むと、恐れや不安を感じる脳の部分である偏桃体や間脳の動きが鎮められます。そして、恐れや不安を感じることが少ないと、人間の脳は、本来の力（潜在力）を発揮しやすくなるということも、学術的に証明されています（ジョージメイソン大学の研究など）。**自分の良いところに注目する習慣は、自分の潜在力を発揮させる習慣でもあるのです。**

また、オキトキシンが分泌され偏桃体や間脳の動きが鎮められることにより、ストレス値も下がってきます。自分の良いところに注目する習慣は、あなたのストレス対抗能力、つまり、現代を生きる上で大切な、レジリエンス力（心のしなやかさ）を高めることにもつながるのです。

✓ 自分への質問の重要性

こういうお話をすると、「そんなことをしていると反省しない人間になってしまうのでは？」と言う人がいます。

失敗に対しての反省をすることは大切です。反省はしっかりするのです。次にトライするときの成功率をより高めるための反省は行い、対策を取ります。これは、本当に重要です。

反省することと、自分にダメ出しすることは別です。 反省するというのは、未来の成功のためにあります。一方、自分にダメ出しして、潜在力の発揮を阻むというのは、未来の成功のためにあまり賢いとは言えない選択です。もう少し細かく言うと、失敗の原因となった自分の行動を反省するのは大切ですが、自分自身の存在や可能性にダメ出しするのは、自ら成功への活力にブレーキをかけているようなものです。**反省は、自分の態度や行動レベルのことに対し行い、自分の可能性や、存在自体を否定して、ダメ出しするようなことはしない、ここが肝心です。**

これは人に対して怒ったり、注意したりするときも同様です。
「あなたはどうしてそんなにだらしないの！」
と言われるのと、
「あなたのやったことは、本当にだらしない！」
と言われるのとは、受け取るニュアンスがちょっと違うのではないでしょうか。

1つ目は、「あなた＝だらしない人」と断定されています。レッテルが貼られている状態です。2つ目は、「あなたがした行為＝だらしない行為」という指摘で、これに対して反省を促す言葉です。この裏

に「あなたは本来きちんとできる存在なはず」という承認があり、レッテルが貼られていない状態であれば、反省を促す厳しい言葉があっても、次に向かう勇気は出てくるのです。

特に相手が本気で取り組んでいないと感じるときは、その態度や行動に反省を促すような、厳しい姿勢で取り組むというのは大切です。これは、相手のためでもあり、まわりのみなさんのためでもあります。

先程の例にもありましたが、面白いのは、自分へのダメ出しは、自分への質問というかたちで出ることが多いということです。

例えば……

- 「何でこんなこともできないんだ」
- 「何でこんなこともわからないんだ」
- 「何でこんなふうに考えてしまうんだ」

このように、こういうとき、つい「なぜ（Why）」を使って自分自身を追い込むような、勇気くじきの質問をしてしまいがちになります。でもこれらは、実質は質問というより、断定ですよね。

このパターンを変えてあげるのです。変換は簡単です。「なぜ（Why）」を、「どうしたら（How）」に変えてあげるだけです。

こんな感じです。

- 「どうしたらできるようになるのか？」
- 「どうしたら、もっと賢くなれるのか？」
- 「どうしたら、いい考え方を持つことができるのか？」

原因論と目的論

原因論	目的論
Why なぜ？	How どうしたら？
過去	未来
ダメ出し	承認
レッテル貼り	状態を観察
勇気くじき	勇気付け
防御	心を開く
萎縮	潜在力発揮

　これらは、未来において「できる」という可能性を持っている、という前提での質問です。そのため、自分への承認、自分の可能性への承認が含まれています。だから、レッテルは貼られておらず、先に進む勇気も出てくるはずです。

　Why の質問は、原因追及、ひどい場合は、過去の蒸し返しになります。これを「原因論的追究」と言います。一方、How の質問は、アドラー心理学で言う「目的論的追求」で、視線はあくまで未来です。

　原因論的追究は、トヨタの５回のなぜの習慣などで有名なように、機械の故障や、ビジネスモデルの見直しなど、モノやシステムに対して非常に有効です。しかし、**人の可能性や存在自体に対してこれをやってしまうと、マズいことが起きます。**そのことは、ここまで読んでいただいたあなたには、すでによくわかっていることでしょう。

ドリームキラーを止めてみると

　自分自身のドリームキラーを止めたことにより、私の人生は大きく変わっていきました。自分自身の可能性を否定しないようになりました。これまで「ちょっと無理かな」と、つい口走ってしまうようなときでも、「やってみる価値はある」となり、「そんなこと有り得ない」と思うようなときでも「あってもおかしくないんじゃないかな」と思うようになりました。

　かなり有効なことは、「声に出してみること」です。心の中では自分の可能性を否定してしまいそうになるときも、「できる」というような肯定の言葉を発してみるのです。これは、**「心の中で思うことよりも、実際に口に出したことの方が、多くの感覚器官が働き、脳の中の回路が変化しやすくなって、記憶が強化されやすくなる」**という、脳科学で証明されている裏付けからも繰り返し実行してみました。

　これは非常に効果がありました。あるとき、心の中で、「できるかな？」と自分自身を疑っていても、「できる」とあまり勢い込まず口に出してみるのです。心と言葉が裏腹でも構いません。
　先程の脳科学から言うと、口に出すことで「できるかな？」という心の中の思いよりも、「できる」という言葉の方が強く脳に記憶され、その後は「できる」という感覚が残っていくのです。つまり、**最初は裏腹でも、口に出すことによって、「できる」が記憶に残り、やがて心の中も「できる」に一致していくのです。**

　ちょっとしたコツは、あまり意気込んで口にするのではなく、「できる」と、さもそれが当たり前のようにできるかのごとく口に出して

みることです。この**「当たり前にできる」という感覚が、自己信頼につながりやすく、自己承認、自己肯定へと向かわせてくれるのです。**

　そして、これらのことにより、「自分自身の信者」になることが、自然にできていきました。この自分自身の可能性への「Yes」の信念を強くすること、これは本当に大切です。

　現状においてできていなくてもいいのです。可能性を信じて、一歩一歩進んでいくことができれば、一歩一歩山を登っていくことができれば、見える風景は変わっていきます。自分の中にドリームキラーがいると、この一歩一歩が止まってしまいます。そして、ドリームキラーにどこかにいってもらうと、この一歩一歩が始まります。

　留まって、考えてばかりいても何も始まりません。登山中に、頻繁に立ち止まって、考えてばかりいて、しかも、「私には登れない。私には登れる可能性がない」というように、自分自身にダメ出しと、勇気くじきをし続けながら登山をしている人がそこにいたら、あなたはどう思いますか？　そして、何と声をかけてあげたくなりますか？

　『自分を変える習慣力』は、私の最初の著書です。出版については、やってみたいという気持ちはかなり昔からありました。しかし、長い間私の中にはドリームキラーが存在していました。「でも、現実問題無理でしょ」と、ささやく存在がいました。

　自分自身のドリームキラーを止めようと思ってから、この存在は去り、自分が本を世の中に出すということの可能性を否定しないようになりました。

　「本を出したい！」という思いから、「ああ、出るよね」という感じで、普通に当たり前に未来の可能性を信じている状態になりました。

都心の大型書店のビジネス書のランキングに、自分の本が並んでいることをイメージするようになりました。

それから結構な月日が経ちましたが、焦りや諦めは不思議と湧いてきませんでした。「ああ、タイミングが来たら、必ず出るから大丈夫」そんなことをささやく、ドリームメーカーが、いつからか自分の中に存在していました。

やがて、チャンスは向こうからやって来てくれました。出版社から執筆の依頼を受けることになったのです。

こんな経緯で出版させていただくことになった前著『自分を変える習慣力』は、全国発売から2日で増刷が決まり、それからわずか3か月で、12万部を超えるという大ヒットとなりました。

この2冊目の著書の原稿を書いている今（2016年春）から約1年前（2015年春）は、こんなすごいことになるとは想像もしていませんでした。しかし、それは、大型書店での週間売上げにおいて、全書籍中1位になるというような状態を想像できなかったのであって、この人生において自分が本を出すことについては、まだその芽も感じられなかった1年前においても、**当たり前のように信じていたのです。**

本のことに限らず、ドリームキラーを止めてから、様々なことが実現しています。これは、自分自身を承認することによって、眠っていたその潜在力が、顕在力としてしっかり発揮されてきていることなのだと感じます。

コーチとして、講師として、人の潜在力発揮のお手伝いをする立場

として、まず自分自身が自らの潜在力の発揮を証明し続けることは大切です。これにより、目の前の人の潜在力の存在（可能性）への理解もどんどん強化されていくのです。

そして、今一度ハッキリとお伝えしたいことは、**あなたがあなたのその偉大なる潜在力を発揮することは、決して難しいことではない**ということです。

そのキーとなるのは、自分を承認する習慣です。あなたが自分自身に貼っているレッテルを剥がし、自分の可能性（潜在力）を信じ、自分を勇気付けし続けること、これだけなのです。そして、自分自身の潜在意識と顕在意識の境目を自分でゆるくしてあげましょう。それだけで、あなたの偉大なる潜在力は発揮され、相手を変える力も強化され、あなたはさらに多くの人に貢献する存在へとなっていくのです。

あなたは力です。力の結晶なのです。

✓ 自分自身を勇気付ける習慣

ここで、自己承認力を高め、自己肯定感を上げるために、非常に有効な習慣をお話しておきます。自分自身に対して、勇気付けの言葉を投げかけるという習慣です。先程のポジティブな言葉を口に出してみるというのも、その一環です。

自分自身への質問と同様、私たちは常に自分自身に話しかけています。頭の中で話しかけている場合や、独り言のように言葉に出して話しかけている場合もあります。この言葉が、ポジティブな傾向にあるのか、ネガティブな傾向にあるのかも、ぜひチェックしてみてくださ

い。これも、現在のあなたのドリームキラー度と相関があると思います。

　もうおわかりになると思いますが、ポジティブな独り言とは、こんな感じです。
「できる」
「大丈夫」
「最高」
「力を持っているはずだ」

　一方、ネガティブな独り言とはこんな感じ。
「どうせ無理」
「いいのは最初だけ」
「そんな上手くはいかない」
「できる訳がない」

　どちらの感じを日々、自分に投げかけている傾向があるでしょうか？

　さて、自己承認力を養うには、この独り言が大きなキーとなります。独り言がネガティブな傾向にある人、ポジティブな言葉に比べ、ネガティブな言葉が多い人は、相対的に自己承認度や、自己肯定感が低くなる傾向にあります。この独り言は、誰からの言葉よりも多く、あなたの心と潜在意識に毎日毎日浸みこんでいきます。だから、強烈な影響力があります。逆に言えば、**ネガティブな言葉を自分に日々どんどん打ち込んでいって、自己承認度が高くなる訳がない**のです。
　でも、ネガティブな傾向があるとわかったとしても、落ち込まない

でください。大丈夫、高くしていけます。そう、これから反対を多くしていけばいいだけの話ですから。

　また、脳科学の見地でも、自分に対するポジティブな独り言は、脳に新しい回路をつくり、パフォーマンスとメンタルの両面に良い影響を与えると証明されています（テサリー大学　ハツィゲオルギアディス博士らの研究など）。
自分をポジティブな言葉で勇気付け続けることは、脳力を高めるという意味でも有効なのです。

　さらに重要なポイントがあります。それは、自分の心の中がネガティブ度の強いときやストレスやプレッシャーの強いときは、まるで第三者からの言葉のように、自分を応援し、勇気付けてあげることです。
「俺はできる！」ではなく、**「お前はできる！」**、「俺はしっかりやってきたじゃないか」ではなく、**「お前はしっかりやってきたじゃないか」**というような具合です。これを心の中で思うだけでなく、言葉に出して、自分の耳に聞かせてあげることによって、さらにメンタルが安定し、パフォーマンスも上がるのです。（これは、ミシガン大学クロス博士らによる研究でも、その有効性が証明されています。）

　これには、自分をまるで他人事のように客観視することによって、視野が広くなり、心が落ち着くという効果（ディソシエイト効果）もあり、ストレスやプレッシャーを軽減することにも役に立ちます。
　自分で自分に言っているのですが、まるで他人が応援し勇気付けし続けてくれるような感覚が出てくるのですね。この習慣ができると、他人を応援し、勇気付けすることもよりできるようになってきます。

自分自身のリーダーになる

　この章では、「自分自身を承認する」ということについて、お伝えしてきました。自分自身を承認することは、自分自身を応援することです。まずは誰よりも先に、**自分自身の応援者になってあげるのです。**

　これは言い換えれば、「自分自身のリーダーになる」ことです。
　リーダーとは、チームメンバーの応援者であり、チームメンバーの本来の力を信じて、その潜在力を引き出してくれる存在。
　また、家族のリーダーである親も同様に、子どもたちの未来の可能性を信じて、最高の応援者になってあげる存在です。子どもは、社会的能力がまだ十分に出ていない存在。特に親は、その成長過程において、様々な経験を積んでいく子どもたちの心の安全基地になってあげることが、子どもたちが安心してチャレンジができるもととなります。

　このように、リーダーは、本来、勇気付けの存在であり、相手の潜在力を引き出す存在。リーダーの存在によって、人の成長と自立は促進していくのです。
　そして大事なことは、**人のリーダーになる前に、まず、自分自身のリーダーになること。**
- 自分を応援できる人は、相手も応援できる人
- 自分を勇気付けられる人は、相手も勇気付けられる人
- 自分を自立に導ける人は、相手も自立に導ける人
- 自分の潜在力を発揮させられる人は、相手の潜在力を発揮させられる人

そして、

- **●自分を変えることができる人は、相手を変えることができる人**

なのです。

あなた自身のリーダーとなり、あなたのたった1回の人生の主人公となり、積極的に生き、人生を切り開いていく。これは、実は、決して難しいことではありません。

自分自身への承認。どんな人も、すぐに100％の承認をすることはできないでしょう。しかし、少しずつ変えていくことはできるはずです。これが習慣化の力です。次のChapterでは、その習慣力のつくり方について、詳しくお話していきます。

Check Lists

- [ ] 自分自身のドリームキラーを止めることで、潜在力が発揮される

- [ ] 自分の良いところ探しをする習慣は、自分の潜在力を発揮させる習慣

- [ ] 反省することと、自分にダメ出しすることは別である

- [ ] モノに関しての追及は原因論、人に関しての追及は目的論で

- [ ] 心の中で思うことよりも、口に出したことの方が記憶に残りやすい

- [ ] 自分自身の信者になることは、最強の自己肯定

- [ ] あなたがあなたのその偉大なる潜在力を発揮することは、決して難しいことではない

- [ ] 自分自身に勇気付けの言葉を投げかける習慣で、自己承認力が養成される
- [ ] 自分を勇気付ける習慣が身に付くと、より相手を勇気付けることができるようになる
- [ ] 自分の心の中がネガティブ度の強いとき、ストレスやプレッシャーの多いときは、まるで第三者からの言葉のように、自分を応援し、勇気付けてあげることが有効
- [ ] 人のリーダーになる前に、自分自身のリーダーになる
- [ ] 自分を変えることができる人は、相手を変えることができる人

Chapter 5

習慣化の技術

01 習慣化の要諦

✓ 小さな実践を繰り返す

　ここからは、習慣化の技術についてお伝えします。

　ここまでで、特に「承認」について、深い理解が得られたと思います。

　一方、この本がただの読み物で終わってしまったら、何の意味もありません。

　この本は、あなたに「相手を変える習慣力」をしっかりと身に付けてもらうために書いています。

　そのために重要なことは、「実践」に尽きます。実践を繰り返すことによって、習慣の力は定着していきます。

　習慣を身に付けるための実践は、何日かに1回、力を入れてやるというようなものではありません。**日々の粛々とした小さな実践の繰り返し**です。この繰り返しが、やがてとてつもないパワーにつながっていくことにあなたは気付くでしょう。

　この Chapter は、『自分を変える習慣力』の内容と重複することが多くなると思います。習慣化のための要諦であるので、あらためてお伝えしておく必要があるからです。

初めての人は、ぜひしっかりと理解してみてください。難しいことは、何1つありません。安心してください。

『自分を変える習慣力』をすでに読んだ人は、良い復習の機会だと思って、読んでみてください。
　さあ、始めていきます。

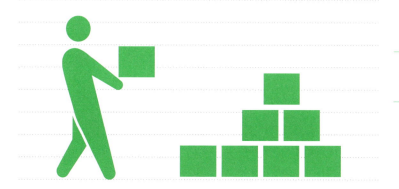

日々の積み重ねが、やがてとてつもないパワーを生み出す

✓ 「知っている」と「やっている」の差

　企業研修や講演会などで話をしていると、「その話知ってるよ」という態度を取られる人が時々いらっしゃいます。そして、「知っているからいいや」というような感じで集中を欠く人がいます。これ、とてももったいない話です。

　私は、研修や講演などを行う一方、人の講演に参加したり、学びにいったりする機会もたくさんあります。研鑽を欠かさないことは、とても重要だからです。
　そのとき、知っている話も出てきます。でも、「知ってるよ」というような態度は取らないようにしています。**「知ってるよ」という態度を取った時点で、それまでの理解レベルで留まってしまうからです。** これ、本当にもったいない。

　そんなときは、「まだわかっていない面があるかもしれない」と思うようにしています。そういう気持ちで聞くと、そのことについての新たな側面や、違う角度の理解が得られやすくなります。せっかくお金と貴重な時間を使って聞くのだから、「知っているよ」という態度を取って、そのレベルに留まってしまうことは、とてももったいないことなのです。

　これは経験から言えることですが、こういう態度を取る人に限って、残念ながら理解が浅く、本質にたどり着いていない場合が多いということです。
　これは当たり前です。こういう態度を取り続けると、深く学ぶ機会をどんどん失っていくからです。

だから、私の研修や講演では、こういう人も理解のレベルが自然に上がってくるような工夫をたくさんしています。研修開始後、しばらくすると学ぶ態度が変わってくるのがわかります。学びへのスイッチが入る瞬間です。こういう人は、本来、知識欲の非常に旺盛な人、一度スイッチが入りだすと、凄い勢いで吸収していきます。

　習慣化には段階というものがあります。これは、物事の習熟段階に似ています。まずは、習熟段階の話をします。

　事の習熟には段階があります。これを覚えておくと、「自分が今どの段階にいるのか」という客観視ができるようになってきます。

　例えば、スノーボードやスキーをやったことがある人もいると思います。これらのやり方、滑り方を知らないという段階が、図で言う「知らない」という段階です。仲間と初めてゲレンデに行くことになって、事前に本を買って、滑るときの身体の動かし方や、板の斜面に対する立て方などを学んだとします。

　これは、「知っている」という段階の初期です。まだ不安なので、もう１冊買ってきて、さらに勉強します。「知っている」の段階がちょっと進みます。

　さあ、もうこれで「知っている」ので、ゲレンデで颯爽と滑れますね。

　……な訳がない。
　何事も実践してみなければ、本当のことはわからないのです。 スノーボードやスキーをやったことがある人は、リアルにわかると思いますが、スノーボードやスキーを履いて初めてゲレンデに立ったとき

は、それまでイメージした感じとまったく勝手が違います。まるでコントロールできない状態になるのです。この状態で、リフトの乗り降りなどを想像すると、倒れそうになるくらい不安になります。

　それでもスキー教室などで基礎を習って、実際に緩い斜面で滑り始めると、何となくできるようになってきます。これが"できる"の初期段階です。そして、1日、2日と実践していくと、楽しさも生まれ、大分滑れるようになってきます。滑ることができるようになるのは、本で勉強したからではなく、実際に体験して、頭だけでなく、身体で覚えていくからです。この「体得」こそが、本当に重要なことなのです。

　しかし、この"できる"という段階では、まだかなり意識していろいろな体の動きをしなければいけない段階で、何らかの違和感がありながら滑っている状態です。初級者、中級者あたりはこの段階です。でも、逆に言えば、**違和感があるということは、実践をしている証拠です。**ぜひこの違和感を歓迎して、違和感を感じている自分を承認してあげてください。

　これがさらに進み、何十日、何百日という経験をしていくと、かなり急な斜面でも、その状態に合わせ自然に身体が動いていくようになります。違和感は消えていき、身体をコントロールする意識から、無意識で滑っているくらいの感覚になります。これが「やっている」という段階です。これがさらに進むと、プロフェッショナルのレベルになっていきます。

　ビジネス書を読んで、読んだきりにしてしまったり、研修や講演会

に参加して、「その話知ってるよ」という態度をしてしまったりすることは、ここで言う「知っている」のレベルに自分を留まらせることになるのです。

　もっと言えば、本当のプロフェッショナルは、何からでも貪欲に学ぼうとするからこそプロフェッショナルの領域にまで到達するのです。そう、**「知っている」と「やっている」とは雲泥の差があるのです。**

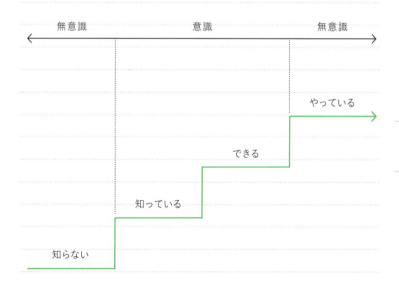

「知っている」から「やっている」状態になることが習慣化

1％でOK

　さて、この習熟の段階を習慣化の段階に置き換えてみましょう。

　この本を読んで、『相手を変える習慣』の習慣化についての「知っている」がたくさん増えていきます。知っているし、意識もしているのですが、習慣化はしておらず、それに対してまだ不慣れな状態です。

　大事なことは、まずこの「知っている」という段階から、「できる」という段階に移行することです。これが習慣化への実践です。「できる」という段階になると、習慣化のために行動を日々繰り返しているので、それができ始めている反面、まだかなり意識してこなしている段階です。そして、依然違和感もあり、継続する意志の力が必要な段階、言わば、定着の最中です。

　この本を書いているのは、より多くの人が実践家となって、必要な習慣を身に付け、その偉大なる潜在力を発揮して欲しいからです。浅い理解で知識やノウハウだけを増やして欲しいからではありません。理屈はある程度わかっていても、実践できない。スキーで言えば、滑り方は知識としてわかっているけど、実際に滑ることはできない。これは本質を理解していることにはなりません。「知ってる、知ってる」と言ってわかったような気になって、そのレベルに留まり実践できない、習慣化できないのは、本当にもったいない。そう、**習慣化は弛まぬ実践によって実るのです。**

　そうは言っても、"できる"に踏み出してみたものの、この"できる"という段階を継続させることこそが大変、と思っている人も多いことでしょう。

例えば、「明日からずっと、自分自身のドリームキラーでいることを完全に止めてください」と言われても、ちょっと厳しいですよね。

では、**「明日から、自分の中のドリームキラーを１％ずつ少なくしてみてください」** ならどうでしょうか？

これならできそうな気がしませんか？

これなら気持ちが楽なのではないでしょうか。

実は、これだけでいいのです。そして、その次の日は、さらに１％少なくしてみる。これを続けるのです。これを毎日できたらどうでしょうか。そうすれば、これだけで３か月余りの後である100日後には、あなたの中にはドリームキラーがほとんどいなくなっています。もし１％が無理なら、0.1％でもいいです。それでも、３年もかからずその状態になっています。これが習慣化の力なのです。

✓ 潜在意識を味方につける

このような徐々に変えていくやり方は、実現性が高いと同時に、あなたの潜在意識を味方に付けることができるやり方です。

潜在意識の大きな特徴の１つが、「安心安全第一で動く」ということをこれまでもお伝えしてきました。潜在意識は、安心安全が脅かされると感じることについては、その強烈な力で防御体制に入ります。**潜在意識は、安心安全のために基本的に現状維持を続ける方向で働くのです。**

変化するということは、何らかの危険が伴います。だから急激な変化を起こし、潜在意識がそれを危険と認識すると、潜在意識は防御体制に入ります。

極端な例で言うと、何十年も刑務所に服役していた人が、何十年振りに檻の外に出られるというような場合でも、その変化に潜在意識は抵抗し、その人に腹痛や憂鬱な気分など、様々な抵抗の症状を起こしたりします。
　意識ではずっと早く出たいと思っていた。でも、何十年と服役生活をしていると、それはそれで生活に安定した秩序が保たれているため（ベストな暮らしではないが）、そこから檻の外に出るという急激な変化に潜在意識が危険を感じるのです。

　これは、登校拒否の子どもが、朝、学校に行く時間になると本当に腹痛を起こし、休むことが決まってしばらくするとその痛みがすっかりなくなるようなことと同じです。登校拒否の子どもにとって、学校に行くのは危険なこと。それに対して、潜在意識が安心安全欲求を満たすために、腹痛を起こさせ抵抗するのです。

　このように潜在意識は、よく過剰防衛を起こしがちですが、潜在意識に防御体制に入られると、強烈なブレーキがかかり、人間は変化を起こしにくくなります。大きな牛が歩くことを拒否し、テコでも動かなくなるような感じです。

　我慢して頑張って行う急激なダイエットが成功しにくいのは、このように潜在意識の強烈な抵抗に合うからです。
　ダイエットでは、体重を減らすために、脂肪の燃焼を運動や節食によって促進します。脂肪はキレイなスタイルにとっては邪魔なものかもしれませんが、生きる上では、いざというときのためのエネルギーの大切なストックでもあります。
　これを急激なダイエットで急激に減らそうとすると、危険を感じた

潜在意識の強烈な抵抗に合います。ちょっと大袈裟ですが、生存が脅かされていると潜在意識が感じ、私たちを守ろうとしてくれているのです。これが、多くの人がダイエットに成功しない根本的な原因なのです。

　仮に一時的にダイエットに成功したとしても、潜在意識が危険を感じている状態のままだと、その強烈な力で元の状態に戻そうとします。私たちのために、良かれと思ってそうしてくれているのです。そして、リバウンドというものが起こり、場合によっては、元の体重よりも増えてしまったりします。

　潜在意識が危険を感じず、安心安全の状態にいてもらえるために重要なことは、「快の感情」を持つことです。快の感情があると、潜在意識は危険な状態にはいないと安心し、変化を受け入れるのです。
**　我慢して頑張ってやろうとすることは、この快の感情と反対の「苦の感情」を生みやすくなります。**だから、根性論で習慣化をしようとするのはお勧めできません。根性論でやろうとすると、やろうとする意志の力もどんどんすり減っていって、なおさら継続するのが困難になっていくでしょう。

　習慣化はできるだけ楽しみながらできる工夫をして、ゆっくりと始めるのがいいのです。そうすれば、潜在意識は、徐々に変化を受け入れていきます。

**　そうして習慣が定着したら、今度は潜在意識がその現状維持の力を持って、習慣の継続に手を貸してくれるのです。**これが潜在意識を味方に付けるやり方なのです。

✓ しっかりと根を伸ばす

「徐々にゆっくり変化させる」というと、「そんなにゆっくりしていられない」とか「成果が見えにくいので、やっている気にならない」とか言う人がいます。

　成長曲線というものをご存知の人も多いと思います。仕事でも習い事でも、それに費やした時間と、実際に現れてくる成果とは、1次直線ではなく、2次曲線の関係であるという話です。

　例えば、事業を始めても、最初から高い成果や高い収益を得ることは難しいでしょう。最初のうちは、収益さえ出ないかも知れません。それでも続けていくと、やがてブレイクする時期がやってきます。ここを「ティッピングポイント」と言い、これを境に成果は急速に上がっていきます。

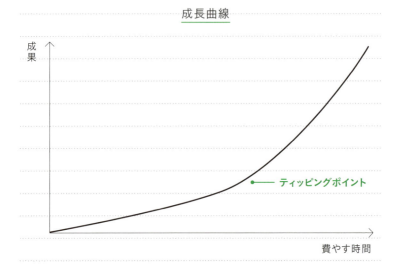

成長曲線

問題は、このティッピングポイントを迎えるまで続けることができるか？という点にあります。「成功できるかどうかのカギは、続けられるかどうかにある」というようなことを、多くの成功者たちがよく言いますが、事業にしても、例えばスポーツで結果を出すにしても、ここまで続けることが大変なのです。「早く成果を出したい」という気持ちが、焦りや心配につながると、この継続する力を削いでいってしまうことになります。

　習慣化の場合の初期も、人は成長曲線のような２次曲線を望まず、１次直線のように、かけた時間や労力に対して、すぐに正比例の成果が出ることをつい求めてしまいます。だから、好き放題食べて飲んでいた生活から、急激なダイエットをしたり、普段８時に起きているのに、急に５時起きをしたりしようとしまいます。そして、潜在意識の強烈な抵抗にあい、取り組み開始から数日で虚しく挫折する羽目になるのです。

　習慣化で言えば、このティッピングポイントは、「やっている」の段階に入った頃、それは違和感なく自然にその行動が取れる頃、つまり習慣が定着してきた頃です。習慣化は、ここまで来られるどうかが勝負です。ここまで来られれば、後はどんどん成果が上がっていきます。

　だから、**習慣化の最初の段階で大事なことは、「成果を上げること」ではなく、「定着させること」です。**この段階では、できるだけ快の感情を持って、焦らず、成果を求めず、粛々と続けることが何よりも有効です。だから１％でいいのです。

　例えば、自分自身への承認にしても、少しずつでも意識して続けて

いくと、自然に自分を承認できる体質になっていきます。これは、間違いなくあなたの一生の財産になります。一生の財産を作るには、それなりの時間が必要です。そのためには、最初の段階でのしっかりした熟成時間が必要なのです。

　意識しながら、ちょっとずつ自分を承認する機会を増やしていく、自分の未来の能力を信じてみる。これを続けることによって、やがて当たり前のように自分のことを承認できる自分がいることに気付くでしょう。

　大輪の花を咲かせるために必要なものは何でしょうか？　大輪の花はすぐには咲きません。太陽の光と水と栄養分をしっかり吸収してこそ、大輪の花は咲くのです。習慣化において、ティッピングポイントを迎えた後は、花を咲かせる時期です。しかし、**多くの人はティッピングポイントの前に大輪の花が咲くことを期待してしまうのです。**

　ティッピングポイントを迎える前は、その花を咲かせるためにとても大切な時期です。そう、それは「根を伸ばす時期」なのです。大事なことは、この時期にいかに粛々と根を伸ばすことができるか？　ということです。根は地中にあるので、成果として見えにくいですが、根がしっかり伸びれば、水分や栄養分をしっかり吸収できる体質になります。これが、大輪の花を咲かせることができる原動力になるのです。

　この根を伸ばす時期は、習慣化の段階で言う"できる"の時期なので、違和感もあり、意思の力も使う必要があります。そして、結果への期待や焦りも出てくるでしょう。でも**一番恐れることは、この根を伸ばす活動を止めてしまうことなのです。**

　成果が出るまでにはタイムラグがあるのです。そんな気持ちが出て

来たとき、ぜひこのことを思い出してください。「大丈夫、今は大輪を咲かせるためにしっかり根を伸ばしているんだ」と。

 イメージから始める

さて、あらためて、あなたが習慣化したいことは何でしょうか？ 例えば自分自身への承認。

ここで、もう1つ重要なことは、それをしっかり習慣化することで起こる素晴らしいことを具体的にイメージしてみることです。まさに、その大輪の花がどんなものであるかを具体的にイメージするのです。

自分への承認ができていて、自己肯定感の高い自分、そんな自分はどんなことを可能にしているでしょうか？ ちょっとそんな自分になりきってみてください。

毎日の気持ちはどうなっているでしょうか？
どんな姿勢をしていますか？
どんな表情をしていますか？
世の中がどんなふうに見えますか？
どんなことをしたくなりますか？
人との関係はどうなっているでしょうか？
関係がいいと、どんなことが起こってくるでしょうか？

根を伸ばす時期、つまり習慣化をしている時期に、このようなイメージをしてみることはとても重要です。

このイメージしたことに向かって、自分自身の根がどんどん伸びているイメージを想像してみるのもいいでしょう。これが快の感情を生

み出すことにもつながるのです。そして、イメージすることによって「これが私の本来の姿だ」という感覚が、潜在意識にも刻み込まれていきます。

私は元オリンピック選手のメンタルコーチングを行っていたこともありますが、一流のアスリートの特徴は、非常にイメージ力が高いということです。

ゴルフで言えば「こんなふうにスウィングして、ボールはこの角度でフワッと上がる。そして、グリーンのこの位置で落ちて、こんな感じに２回バウンドして、ピンそばにピタッと止まる」のようなイメージングを欠かしません。そして、そういうことを頭の中で非常に具体的に、鮮明に描くことができるのです。

これは、いわゆる「イメージトレーニング」というものでもあり、四六時中イメージする習慣を付けているので、イメージが潜在意識にも深く浸みこんでいくのです。

潜在意識は、身体に直結しているという特徴があります。高いところに登ると、意識は大丈夫だと思っていても自然に足がガクガクしたりするのは（意識で身体がコントロールできないのは）、潜在意識の安心安全が脅かされて、身体に直接シグナルを送っている状態だからです。つまり**潜在意識は、意識を介さず身体の動きを発生させたりするのです。**

イメージトレーニングとイメージングの習慣は、このシステムをより良い結果のために上手く応用しようとしたものです。

詳細で鮮明なイメージを潜在意識に刻み込むことによって、潜在意識の力を使って、無意識にそして自然にそのような身体の動きになる

ようにプログラミングするのです。これによって、スポーツ選手などは高いパフォーマンスを発揮するのです。

これを言うと、「私はイメージというものが苦手なので……」と考える人もいます。

でも、大丈夫です。はじめてコーチングを受ける人の中には、こういう人はたくさんいます。

傾向としては、女性の方がイメージをすんなりできる方が多く、男性、特に40代、50代の男性に「イメージができない」という人が多くいます。男性の方は、ロジカルなことを重視する傾向にあり、中にはロジカルシンキングなどのトレーニングをしているため、ロジック至上主義的になっている人もいます。そして、普段からあまりイメージングというものをしていない人が多いのは事実です。

しかし、コーチングセッションを数回行っただけで、ほとんどの人は、イキイキしたイメージングができるようになります。
なぜなら、**人間は本来イメージする生き物だからです。**

例えば、「今日のお昼ご飯どうしよう?」と思ったとき、かつ丼やサバの味噌煮を文字で思い浮かべる人はほとんどいないでしょう。かつ丼やサバの味噌煮の映像を自然とイメージしているはずです。

また、過去のことを思い出すとき、あなたの過去のことが書かれている書物の文字を読んでいる人はいないでしょう。過去に起こったことのイメージをイメージングしているはずです。これは実は、本当に起こったこととは違います。**あなたの中の過去は、あなたが色づけした「過去というイメージ」に過ぎないのです。**

このように、あなたはいつもイメージをしているのです。
　大事なことは、それをさらに鮮明に持つ習慣付けをすることです。習慣化すれば、誰でもできるようになります。最初「イメージというものはまったくできない」と言っていた40代、50代の男性のクライアントが、数回のセッション後には、こちらが質問もしていないのに勝手にどんどん鮮明なイメージを口にすることは、ザラにあることなのです。

　さあ、あなたの大輪の花をイメージする習慣を始めてみましょう。最初は付箋などを使って、文字レベルで書き出してみるのもいいでしょう。そして、それらの内容を具体的にイメージしてみるのです。

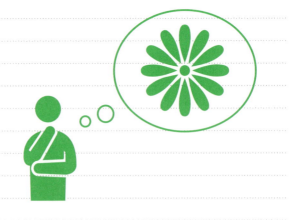

大輪の花を咲かせた自分をどれだけ具体的にイメージできるかがカギ

これを少しずつでも毎日続けてみる。最初は違和感があっても、少しだけでも続けていくと、イメージングが徐々にできてくる自分に気付くはずです。ポイントは、大輪の花が咲いたときに起こる、ワクワクするような、楽しいイメージをたくさん持つことです。

　特にお勧めするのは寝る前です。**寝る前にイメージしたことは、特に潜在意識の中に入っていきやすい。** そういった意味では、寝る前に良いイメージを持ったり、良いこと、感謝することを思いながら床に就くということは、とても重要なのです。実は、これと反対をやってしまう人が本当に多いのですね。今日からはぜひ、良いイメージを。

　次は、傾聴をはじめとするラポールのスキルなどを紹介していきます。これらを習熟し、習慣化していくことで、あなたの相手を変える習慣力がさらに高まっていくことになるでしょう。

Check Lists

- ☐ 「知っているよ」という態度を取った時点で、理解のレベルは停滞する
- ☐ 違和感があるというのは、実践をしている証拠
- ☐ 「知っている」と「やっている」は雲泥の差がある
- ☐ 毎日1%の実践を続けることで、やがて状況は大きく変わる
- ☐ 潜在意識は、基本、現状維持をする方向で働く

- [ ] 我慢して、頑張ってやろうとすることは、「苦の感情」を生みやすくする
- [ ] 「快の感情」が継続につながる
- [ ] 習慣化の最初のフェイズで重要なことは、成果を上げることではなく、定着させること
- [ ] 活動量に対して成果の上がらない時期は、大事な「根を伸ばす時期」
- [ ] 人間は本来イメージをする生き物
- [ ] 寝る前にイメージしたことは、潜在意識に入っていきやすい

02 相手が変わりやすくなるために

✓ 習慣で性格も変わる

　ここまで『相手を変える習慣』として、「承認」ということを中心にお話してきました。習慣というのは、第二の天性とも言われます。

「習慣に気をつけなさい、それはいつか性格になるから」

　マザー・テレサの有名な言葉です。
　意識して行動（実践）することが習慣につながり、習慣は性格をつくっていきます。これが第二の天性です。つまり、**正しい意識と行動を習慣化することによって人間は変わることができるのです。**変わるというよりも、本当の自分になっていくと言った方がいいのかもしれません。

　ここまでで、自己承認や相手に対する承認力も、頑張って急激に何とかしようとするのではなく、場面、場面で意識しながら、できていない自分にも気付きながら、少しずつ養っていけばいいということがわかったと思います。
　一方、目の前の相手を変えるためには、マザー・テレサやガンジーくらいのレベルの承認力が必要だと思っている人もいるかもしれません。確かに彼らほどの力があれば、コーチング的なスキルなど何もなくても、目の前の人たちを変えていくことができるでしょう。しかし

ながら、そのようなレベルを目指すことは必要なく、あくまで少しずつ養成していけばいいのです。

そんな中、承認力の養成とともに、相手を変えるために役立ってくれるのがコミュニケーションスキルです。ここまで、「スキルだけでは、目の前の人の根本は変わらない」とお伝えしてきました。承認力を土台として養成する前に、スキルだけトレーニングしてみたところで、相手の潜在意識を根本的に解放することにはならないということです。これは、ラポールなどのスキルが重要ではないと言っているのではなく、スキルを身に付けることが十分条件ではないということです。

結論としては、**承認力という土台をつくっていこうとしている意識と行動がある中で、スキルを身に付けていくことはとても有効**だということです。

ここまでこの本を読んで、承認力を養成する方向に舵を切ろうとしている人は、ぜひスキルも実践し習慣化してみてください。これも日々実践し、習慣化することによって、「ほとんど無意識でやっている」というレベルにまで到達します。

そうなると、会話の最中に意識が自分よりも相手に行っている時間が長くなります。スキルが無意識にできているので、しっかりできているかどうかなどを気にかけなくてよくなるのです。気にかけているレベルだと、自ずとその時間、意識が自分に向かいます。相手が変わっていくためには、会話中、こちらの意識が相手に向かっている時間ができるだけ長いことが重要なのです。

✓ 傾聴を習慣化する

　コーチングセッションでは8対2以上の割合で、コーチではなくクライアントがたくさん話しています。コーチの仕事のメインは聴くことです。聴くと言っても、ただ適当に聴いているのと、ちゃんと傾聴しているのとは、クライアントから引き出される内容に雲泥の差が生じます。

　企業向けのコミュニケーション研修をしているときに、マネージャーなどをはじめとする参加者のみなさんに話を伺うと、コミュニケーションを上手く運ぶためには「話が上手でなければいけない」と思っている人が実に多いように感じます。そして、「上手く話さなければいけない」という思いが、プレッシャーにまでなっている人もいます。

　しかし、良いコミュニケーションの基本は、上手く話すことではなく、しっかりと傾聴することです。
　話が上手くなくても、相手と良いコミュニケーションを取ることは十分可能ですが、聴き方がマズいと、良いコミュニケーションを取ることはできないということです。
　さらには、「優れた内容を話せば、それはちゃんと相手に伝わる」ということさえ単なる思い込みなのです。**承認を基にした傾聴ができておらず、相手の潜在意識に拒否反応が出ていたら、いくら優れた内容を上手に話したとしても、相手の心の中には入っていかないのです。**

　ここでは、傾聴スキルの基本をご紹介します。相手に対する承認感

を持ちながら、これらの基本を意識して相手の話を聴くだけで、相手に明らかな変化が見えてくることに気付くでしょう。

❶ 相手が話しやすい雰囲気づくり

コミュニケーションは相手との共同作業です。

　研修の場など、多くの人間が集う場でも、その場でのコミュニケーションは参加者全員との共同作業です。相手が話しやすい、良い雰囲気の場をつくることで、相手との気持ちの架け橋がかかりやすくなります。

　まずは、こちらからリラックスした表情、姿勢を取ることなどによって、相手が安心して話せる雰囲気をつくり出すこと。話しやすい雰囲気をつくり出せたら、その場がお互いにより良いものを生み出すことのできる場になっていくでしょう。

　話の本題に入る前に、共通の話題でしばし雑談をすることなども、この雰囲気づくりのために有効です。例えば、私は、人とのミーティングやコーチングの前に、お互いの近況の「ちょっとしたよかったこと」を1分程度でシェアし合うということをよくやります。これだけで、お互いの気持ちが随分ほぐれ、話しやすい雰囲気がつくり出されます。

❷ 笑顔

　笑顔は人間だけが持っている世界共通かつ最強のコミュニケーションであり、最強のシグナルです。笑顔の多い人には、自ずと人が集まってきます。笑顔の人には、こちらの潜在意識も安心を感じ取ります（承認感や共感のない笑顔には、潜在意識も敏感にその虚実を感じ取りますが）。

人と人の間で、笑顔があるかないかで、その関係性は大きく違っていきます。**笑顔は、良い人間関係を築き上げるための必須ツールでもあるのです。**

いい気分のときは、相手に向かって笑顔で会話することが容易にできると思います。課題は、そうでないときや心配事があるときなど、そして苦手意識のある人の前に出るときなど、そういうときにいかにこの笑顔の状態を続けられるかにあります。

変な話ですが、私は笑顔の習慣を身に付ける訓練をいつもしています。これは、前出のＳ君に教えてもらったことです。

例えば、電車の中や歩いているときなどでも、できるだけ笑顔でいるようにしています。でも、電車で座りながらずっと微笑んでいる人を見たら、ちょっと気味が悪いですよね。だから、電車の中でも街を歩くときでもマスクを欠かすことができません。風邪の予防にもなるので一石二鳥です。

こんなちょっとのことで、0.1％ずつでも笑顔の時間は増え、習慣化されていくのです。

❸ うなずき、あいづち

これらは、驚くほどパワフルです。

想像してみてください。

あなたが話していることに対し、ある人はタイミングよくうなずきやあいづちを打ってくれる。一方は、うなずきもせずあいづちもなし。

あなたの話を続けたくなる気持ちは、どのくらい違ってくるでしょうか？

これだけのことで、会話の内容まで大きく異なってきます。

うなずき、あいづちなどは、話し手が「自分の話を受け取ってもらえている」と感じる傾聴スキルです。逆に、聴き手にこれらの動きがないと、話し手は不安になったり、話をする気を削がれたりします。

　あいづちは、「うんうん」「それで、それで」「そうなんですね」「ほぉー」というような簡単なものですが、話し手のリズムに合わせてすることによって、会話自体も盛り上がります。
　これらもスキルとして意識をして行う習慣を付けると同時に、相手への承認感が土台にあることで、自分の中から自然に生まれてくることでもあります。

❹ 繰り返すスキル（オウム返し）

　これはとても鍛え甲斐があるスキルです。
　これが自然にできるようになると、相手の深い共感を呼びやすくなります。オウム返しというと、ちょっとネガティブなイメージを連想する人もいるかもしれませんが、意外にもこれはとても有効なスキルです。

　例えば、仕事で失敗をしてしまったAさんと、それを聴いているBさんの会話があるとします。ちょっとAさんの気持ちになって、以下のやり取りを感じでみてください。

A「この前仕事で失敗してしまって……」
B「どんな気持ちなの？」
A「何だか悔しくて……」
B「悔しいんだね」
A「うん」

B「どんな悔しさがあるの？」

A「壁に頭をぶつけたい感じ」

B「壁に頭をぶつけたい感じなんだ」

A「そうなんだ、ホント」

　このBさんがやっているような、オウム返しを自然に行えると、Aさんは「Bさんは、話をちゃんと聴いてくれている」という感覚になってきます。
　これをオウム返しではないパターンでやってみましょう。再びAさんの気持ちになって、やり取りを感じてみてください。

A「この前仕事で失敗してしまって……」

B「どんな気持ちなの？」

A「何だか悔しくて……」

B「そうか、そんなに怒りがあるのか」

A「……」

B「どんな怒りがあるの？」

A「いや、怒りという感じとはまた違っていて。悔しいというか……」

B「強い悔しさかぁ」

A「……（強いとかじゃなくて）」

　こちらはどうでしたでしょうか？
　Bさんは、Aさんの言っていることを自分の感覚で勝手に解釈しています。そして、Aさんの言葉に自分の解釈で言い換えを加えています。
　だから、Aさんとしては「ちょっと違うんだなあ」という気持ちが

起こっています。こういうことが続くと、「Bさんは、私の気持ちをわかろうとしていないのではないか？」という疑問も出てきてしまいかねません。

　この繰り返すスキルを自然に使える習慣が付くと、話し手のあなたへの信頼感は、「聴いてもらっている」というレベルから、「私のことをわかってもらっている」というレベルになります。

　ただのオウム返しではなく、これを傾聴のスキルとして効果を発揮させるためには、リピートするときの心の込め方にポイントがあります。

　例えば、「何だか悔しくて……」に対し、「悔しいんだね」と繰り返すだけですが、これを淡々とやると、何か馬鹿にされたように聞こえて、話し手の気分を害するケースも起こって来ます。

　一方、この言葉に、承認や共感の感情がしっかりこもると、相手からの信頼感は確実に増していくことになります。

❺ 相手の話に興味を持つ

　これも傾聴のスキルということでご紹介していますが、基本として**相手に対する承認がしっかり存在していれば、相手の話に自然に興味を持って聞くはずです。**そして、相手の話に興味を持つことによって、相手の頭の中の世界をより知ろうとするための質問も自然に出るようになってきます。

　逆に、相手が話している最中、やたら時計を気にしていたり、通行人などまわりのことに気を取られていたりすれば、相手は「私の話に大して興味がないんだな」と口を開く気がなくなってしまいます。

　また、相手の話に興味を持つ態度は、しぐさや目の動き、姿勢など

の非言語コミュニケーションとして、自分の意識のコントロール以外のところでも表面に現れます。そして、相手はこれらを敏感に察知します。

　つまり、**相手を承認しながら、相手の話に興味を持っているかどうかは、言葉以外にも確実に相手に伝わっていくのです。**だから、何よりも大切なのは、やはり承認であるということがここでもわかります。

　それでも、相手が話している内容にどうしても興味が持てない場合もあると思います。例えば、お父さんが娘と話していて、「娘が夢中になっている女の子向けのアニメの話に興味が持てない」というような場合です。

　この場合は、ちょっと視点を変えてみるというやり方があります。それは、「このアニメのどういう点に娘は強く惹かれるのだろう？」というような視点です。

　これであれば、アニメ自体に興味がなくても、娘の感性について興味を持つことができると思います。もしかしたら、その感性の部分で自分との共通点を見つけられるかもしれません。

❻ 相手の話を取らない

　これは、相手がまだ話し終わっていないのに、関連した話をこちらがかぶせるように話し始めること。興味があって、どうしても話したい内容が出て来たときにやってしまいがちなことです。

　しかし、これは傾聴という点では最もやってはいけないことの１つです（気の置けない仲間との飲み会などでは、相手も許してくれると思いますが）。このことによって、相手の話す意欲を著しく削ぐことになるからです。

自分の話をしたくなる気持ちもわかりますが、それはこの会話においての意識が相手によりも自分の方に向いている証拠。相手が伝えたいことをいったん受け取ってからにすると、コミュニケーションはより生産的なものになるでしょう。

良いコミュニケーションのコツは上手く話すより、しっかり聴くこと

✓ ラポールの技術

　ここまでも、ラポール、ラポールと何回も言ってきましたが、ここにきて初めてその技術についてちゃんと説明します。

　人と人が親密な信頼関係にある状態を指して、「ラポール」と言います。ラポールは、NLP（神経言語プログラム）という人間のコミュニケーションに関する学問で用いられる言葉です。深い相互承認により、このラポール状態がさらに進むと、お互いの意識と潜在意識の境目がゆるい状態となります。ラポールは、相手が自然に変わっていくようになるために必要な状態です。

　そして、その親密な信頼関係を作り出すためのテクニックを「ラポールテクニック」と言い、これは習慣化する価値の非常に高いものです。私のコーチングや企業研修は、このNLPとアドラー心理学が大きな2つのベースになっており、ラポールテクニックについては、無意識でやっている状態になるまで徹底的に極めてきました。

　繰り返しますが、ラポールの基本も承認です。**承認なくしてラポールなしです。**

　ラポールテクニックには様々なことがありますが、ここでは、その基本だけをお伝えします。基本というのは、「簡単なこと」と解釈されていることが多いのですが、基本とは「最も重要なことのエッセンス」です。だから、まず基本をしっかり習慣化することが、高みに到達できる絶対条件だと考えます。あれやこれやと難しい知識を身に付ける前に、基本を徹底的に自分のものにする。このことが本当に大事です。

そういった意味では、一流のプロほど基本を大切にすると言います。投手で言えば、基本を大切にし、一流のストレートが投げられるからこそ生きた変化球も投げられるのです。中途半端な鍛え方のストレートしか投げていなくて、チェンジアップやらフォークボールを覚えてみたところで、残念ながら大した役にも立たないでしょう。

相手の可能性や存在自体への承認をもとに、ラポールテクニックの基本を習慣化し、しっかりとした架け橋を相手の心と潜在意識に架けていくことをお勧めします。ここまでお読みになったあなたなら、きっとできるはずです。

❶ ペーシング

「息が合う」という言葉があります。「息が合ったコンビ」「チームで息を合わす」などとも言います。サッカーやラグビー、バスケットボールなど、強い結束のあるチームは実際に計測してみても本当に息が合っているそうです。

ペーシングは気持ちだけでなく、会話のトーンや呼吸のリズムやペースなどを相手と合わせていくというテクニックです。それによって、相手はあなたとの一体感を感じ、親近感や安心感を持ちやすくなります。

例えば、会話のスピードを相手に合わせることによって、相手は**「自分のペースで話すことを許してもらっている」**ということを、意識だけではなく、無意識レベルでも感じます。声の大きさや会話のトーンの差が大きいと相手は違和感を持ちますが、ここの差がないと、自然なつながりを感じやすくなります。これらのことにより、相手の潜在意識の安心安全欲求も満たされていくのです。

うなずきやあいづちのペースも、しっかり相手の会話のペースや間

の取り方に合わせていくと、良いかたちのペーシングとなっていきます。

　私がコーチングをするときに実際にやっていることは、相手とできるだけ同じペースの呼吸をすることです。できるだけ同じタイミングで息を吐き、できるだけ同じタイミングで息を吸うというのが習慣になっています。

　すると、「この人の呼吸は私の普段の呼吸のペースよりゆっくりだな」とか、「この質問をしたときから、呼吸のペースが速くなったな」とか、相手の非常に細かなことにも気付くことができるようになります。このような気付きが、相手のことをより理解することに大きく役立ってくれたりします。

❷ ミラーリング

　ミラーリングのミラーは鏡のこと。ミラーリングは、目の前で話している相手と同じような動作を取ることです。話しているとき、相手がちょっと前のめりになってきたら、こちらも同じように前のめりになる、相手がグラスの水を飲もうとしたら、こちらもちょっと飲んでみる、というような動きです。

　私たちの潜在意識は、自分と相手が「似ている」とか「共通点がある」ということに安心感を抱きます。相手の動作を真似ることによって、この「似ている」や、「共通点がある」という感覚を相手は認識し、ラポールが築きやすくなります。

　ただ、これもあまりに露骨にやると、かえって相手に違和感を与えてしまいます。だから、すべての動作を真似るのではなく、あくまで自然に、そこはかとなく行うことが重要です。これも最初は意識しな

がら、習慣化の"できる"というプロセスを繰り返していくと、やがて自然に"やっている"という段階になり、無意識のうちにミラーリングをしているという状態になります。

❸ バックトラッキング

NLPでは「バックトラッキング」という言い方をしますが、これは先ほどお話しした「オウム返し」のことです。「悲しい」というような気持ちの部分を「悲しいんですね」と繰り返したり、「思わずやってしまった」というような事実の部分を「思わずやってしまったんですね」ということを繰り返したりすることです。

これは、「良い悪いの評価なしに、一度相手の話や気持ちを受け取る」ことでもあります。特に、相手が失敗したことや正しくないことをしてしまったときなどは、そのことを評価せずに受け取ってあげることによって、相手の潜在意識は安心します。

逆に自分自身、反省も良心の呵責も強く感じているのに、最初からいきなり評価を入れられるとどうなるでしょうか？

失敗をしたAさんの気持ちで読んでみてください。

A「こんな理由で失敗してしまったのです」
B「その失敗がまわりにどれだけ迷惑をかけているのかわかっているか！」
A「……」
B「どうするつもりだ！」

どうでしょうか？

失敗したことについての反省や正しくないことをしてしまったこと

への良心の呵責は、自分の中に重く存在しています。そのことについていきなり畳みかけられても、立つ瀬がなくなります。

　では、こちらはどうでしょうか？

A「こんな理由で失敗してしまったのです」
B「そんな理由で失敗したんだね。それについてどう思っている？」
A「みなさんに迷惑をかけて、本当に申し訳ないと思っています。すぐにでも謝りたい」
B「具体的にどうしていこうか？」

　どんな感情が湧いてきますか？
　Bさんに対してどんな思いを持ちますか？
　それらは先程とどう違うでしょうか？

　また、バックトラッキングには相手を勇気付ける効果もあります。例えば、いろいろ失敗したけどこれだけはできたと相手が話しているようなときです。
　こんな感じです。

A「こんな理由で失敗してしまったんです」
B「そんな理由で失敗したんだね」
A「でも、そんな中、これだけは何とかできたんです」
B**「できたんだよね」**

　最後の「できたんだよね」を少し強めに言ってあげることによっ

て、相手はできた自分を強く感じることができ、勇気が増していきます。

バックトラッキングは、自然なニュアンスとタイミングが肝心で、ここが不自然だと何の効果も生まなくなります。これを自然にできるようになるには、相手に対する承認の気持ちを持ちながら、繰り返し実践し、習慣化していくことがここでも肝心です。

ご紹介したテクニックを一気に身に付けようとすると、なかなか大変で気が滅入ってしまうかもしれません。一気にやろうとしないでください。**1つずつ確実に、1%ずつ繰り返しながら「やっている」段階まで持って行ってください。**そして、日々少しずつでも繰り返す自分自身をしっかり承認し続けてください。そうすることで、3か月ぐらいを目安に"やっている"自分に気付くことでしょう。

Check Lists

- [ ] 習慣化とは「ほとんど無意識でやっている」くらいのレベル

- [ ] 相手が変わっていくためには、会話中、こちらの意識が相手に向かっている時間ができるだけ長いことが重要

- [ ] 良いコミュニケーションの基本は、上手く話すことではなく、しっかりと傾聴すること

- [ ] 相手の潜在意識に拒否反応が出ていたら、いくら優れた内容を上手く話したとしても、相手の心の中には入っていかない

- [ ] 相手を承認しながら、相手の話に興味を持っているかどうかは、言葉以外にも確実に相手に伝わっている

- [ ] 承認なくして、ラポールなし

Chapter 6

"できる"から"やっている"に変える対話術

Case Study
仕事編

01 「この件、どうしたらいいと思う?」

✓「できる」から「やっている」へ

ここまで、相手を変える力についての思い込み、相手に変化をもたらすための本質、自分自身のリーダーになること、そして習慣化の具体的方法についてお話してきました。

この最終章では、実践を始めようとするみなさんがよりスムーズにその実践を進められるよう、参考となりそうな具体的なケースをいくつか挙げていきます。

ただ、これらはあくまでコミュニケーションの1つの例をご紹介するものであって、**絶対的な正解ではありません。**その場の様々な状況によって、伝えるべきことや伝え方なども変わってくるという前提の上でご紹介します。

ここでの軸となることも、やはり承認。相手の可能性や存在を承認する軸があることで、一定のパターンの対応というものを根本的に超えるコミュニケーションが生まれます。大事なことは、相手への承認を確固たる軸に持ちつつ、この本などで得たスキルや対応パターンを実際に試し続けながら、「できる」から「やっている」に到達していくことです。

型通りにできなくてもOKです。ましてや一字一句正確に伝えようなどと思わなくても大丈夫です。ハードルを高くし過ぎず、少しずつ

経験を増やしていく。そして、1％でも 0.1％でもやってみた自分を
しっかり承認する毎日を送る。そのための参考例として、これからご
紹介するケースを見てもらえればと思います。

✓ 自分から考えて動いて欲しい

　私たちが人と一緒に仕事をするとき、チームスポーツをするときな
ど、相手に期待することの1つに、「自分から考えて動いて欲しい」
ということがあります。
　部下を相手にするケースなどでは、**指示待ち人間から、能動的な姿勢を見せる自立した存在に変わって欲しい**という思うことは多いのではないでしょうか。グーグルなど人気企業が、採用時に最も重視することも自主自立性。そういった意味でも、部下の自主自立性を高めることに貢献できることは、非常に価値のあることだと思います。

　また、子育てをする身、スポーツチームの監督やキャプテン、町内
会や子供会などの取りまとめ役などなど、相手に「自分から考えて動
いて欲しい」と思うケースがある人は多いと思います。ここでは、よ
り具体的にするために、上司・部下のケースをもとにお話ししますの
で、それ以外のケースの人は、各々の立場をここに当てはめ直してイ
メージしてみてください。

　マネージャーを対象にした企業研修のとき、よく耳にするのが、
「指示待ち人間が多くて困る」ということ。そんなときにはまず、「そ
んな部下とのやり取りを具体的に思い出してください」とお答えして
います。
　お話を聞いて、そのやり取りから見えてくるのは、指示の意味を説

明せずにただ指示だけ出していることや、事細かく出し過ぎることなどです。確かに、指示をしたことをしっかり実行してくれることを期待するならば、これで正解だと思います。一方、マネージャーのみなさんが部下に期待することは、「自分で考えて動くこと」。であれば、自分で考えて動いてくれるような投げかけをしてあげればいいのです。

このための基本的な投げかけは、簡単です。

「この件、どうしたらいいと思う？」

ここでも目的論的アプローチが登場します。指示待ちが癖になっている人は、おそらくこの問いにすぐには答えられません。黙ってしまうとか、フリーズしてしまうこともあるでしょう。最初の段階は、かなりの忍耐を要しますが、まずは相手が何か口を開くまで聞いてあげるのです。そこで大切なのが、**「この人は指示待ち人間」というレッテルを剥がし、相手の可能性への承認の気持ちを持って、なんとか口を開くことを応援してあげるのです。**

ここで、答えが出てこないことにイラついて、「どうしたらいいか答えられないのは、普段からちゃんと考えていないからだ！」などと言ってしまうと、元も子もありません。

風邪をひいて高い熱があるときなどは、寝床から起き上がるのも大変です。こんなとき、「何しているんだ！さっさと起き上がれ！」と言われたら、どうでしょうか？その部下は、この熱がある状態と同じように、指示待ちが癖になっている状態なのです（熱がある状態が本質ではないのと同様に、指示待ち状態はその人の本質ではなく、あくまで状態です）。この状態の人に「案が出てこないのは、おかし

い！」とやってしまうことは、強烈な勇気くじきを与えることになります。

　もちろん承認もしっかり持ってあげてください。あなたが、「指示待ちがこの人の本質だ」と本気で思っているようであれば、その人が考えて動くことを期待する方が愚かだということでもあります。ここでもし、目の前の人が考えて動いている活力のある状態を具体的にイメージすることができれば、相手への承認感が増幅していきます。

　すぐ答えが返ってこなくても、
「何か気になっていることはある？」
とか、
「こういうやり方じゃダメだ、と思うことはある？」
　などと、承認と勇気付けをベースにその場で思いついたことをいろいろ投げかけてみるのです。
　そして相手から少しでも言葉が出てきたら、
「その視点面白いね」
とか、
「今の話から、ちょっとこんなことを思いついたんだけど」
　とか、相手が口を開いたことが何らかの価値があった、そして何らかの貢献をしたということを伝えてあげると、相手がさらに意見を言うことへの勇気付けとなります。

　こうしていると、さらに相手から意見やアイデアが出てくるようになります。場合によっては、最初の段階にかなりの忍耐がいるケースもあるでしょう。しかし、**そもそも人の上に立つというのは忍耐のいる仕事なのです。**そのために、部下よりも高い給料をもらっていると

言ってもいいくらいです。

　ただ、その忍耐の先には、あなたが望む展開が待っています。一時期の忍耐を嫌がって、いつまでも「部下が指示待ちで困る」などと言い続けていることと、その忍耐を自分の成長の糧ぐらいにとらえて、やってみること。これからのあなたは、どちらを選びたいでしょうか？

　また、「"どうしたらいいと思う？"といちいち聞くのは、こちらが案や解を持っていないと思われるのではないか？」と思う人もいます。ついそう思ってしまう気持ちもわかります。でも、心配しないでください。一緒に考えるモードに入ることによって、相手は考えることに集中します。あなたのことをどうのこうの思っているよりも、目の前のことの解決方法に意識を集中してくれるのです。

　また、あなたが案や解を持っている場合は、相手が口を開き始めたら、「私はこう考えるけど、どう？」と聞いてみることもできます。本当に案や解を持っていない場合は、「私にもまだ、いいアイデアが見つかっていないんだよ」と正直に言ってしまえば、「意見を求められている」、「頼られている」という感覚で、相手が考えようとする動機が増してくる可能性もあります。

　そして、**そもそも相手を変えるという目的のためには、あなたの優秀性の誇示はあまり必要のないことなのです。**この自分モードから早く抜ける習慣を身に付けると、あなたの人間としての存在はスケールアップしていくでしょう。

　そんな中、「時間がないときは、そんな悠長なやり取りはしていられない」という人もいます。そんなときは、こんなふうにしてみるの

はいかがでしょうか？

「この件について私はこう思うけど、君はどう思う？」

相手の指示待ち度が高いと、「それがいいと思います」という回答が返ってきがちですが、それでももう少し時間が取れるようであれば、「この案のどの部分がいい？」と意見を求めることで、相手に「考える癖」を付けてあげることができます。

このやり取りで大事なことは、相手が自主的に出した意見をもとに動いたことで、失敗してしまったケースへの対処です。

失敗に対し、「お前の考えが浅かったから」と、ダメ出しをしてしまったら、元も子もなくなってしまいます。そもそもその意見に賛同しGOを出したのはあなたです。責任を背負うのは上司の仕事です。責任を背負ってあげるからこそ、部下は安心して動けます。それを、手のひらを返したように一方的に相手のせいにしたら、またアイデアを出すのを止め、あなたの指示を待つようになります。その方が相手にとって安全だからです。

上司とは部下の後ろ盾になってあげる存在、親が子どもにとっての安全基地であるのと同様です。相手の失敗に対し、「そもそも自分がちゃんとカバーできていたか？」とか、「アドバイスは足りていたか？」とか、こちらも反省するところがあるかもしれない。「なぜ失敗したんだ」の原因論の質問は、1回ぐらいに留めて、「では、次からどうしたらいいと思う？」と目的論で、未来の成功に向けて一緒に歩み出す。これが自主自立に向けての方向性です。

相手に考える癖をつけてもらうことは、ケースによっては、かなり忍耐と根気がいるかもしれません。そんな場合は、「あなたの人間としてのスケールを育てる体験をもらっている」と思ってみるのもいいと思います。あなたが人間としてのスケールを育てる必要があって、そのトレーニングのために、目の前の相手はわざわざ登場してきてくれた、くらいに考えてみるのもいいでしょう。

　さて、今一度、これまであなたがどんな対応をしてきたか観察してみてください。そして、どんな習慣を断捨離し、どんな習慣を身に付けていくことが重要かを明確にしてみてください。もし、あなたのまわりが指示待ち人間ばかりだと感じたら、**「指示待ち人間をつくってきたのは、あなた自身」**なのです。
　そしてこれから、あなたのまわりの人たちが自主自立した存在になることに貢献していくのも、あなた自身です。

02 思い切って自分を さらけ出す

✓ 本音を話して欲しい

　私のクライアントであるFさんは、ある会社の新規事業開発チームのリーダー。この新規開発チームは、構造的に斜陽と言われるその会社のメイン事業に頼ることなく、収益性の高い新しい事業軸をつくり出すという大変に重要なミッションを持ったチームです。そのチームリーダーに抜擢されたFさんは、大きなプレッシャーを感じながらも、高いモチベーションを持って、そのチャレンジに取り組んでいました。

　忙しい毎日を送る中で、Fさんにはとても気になることがありました。1つは、会議が喧々囂々とならないことでした。新規事業を生み出すには、アイデアと意見のぶつかり合いが必要です。しかし、チームの会議は、むしろとても静かに進行していきます。Fさんの言うことに異を唱える人も少なく、現場からの情報にも新鮮さを感じられませんでした。
　部下との会話でも同じように、アイデアや意見を聞かせてもらうことが少なく、部下が本当のところ何を考えているのか、何を感じているのかがわかりません。

　そんなFさんとのあるときのコーチングセッションは、こんなふうに進みました。

私「特に気になっていたり、本音がわからないと感じていたりする人は誰ですか？」

Fさん「Yさんですかね」

私「（椅子をもう1つ持ってきて）今、ここにYさんがいて、これからお話をするとしたら、Yさんはどこにいそうですか？」

Fさん「（椅子を少し移動させて）ここですかね」

私「では、ちょっと変なことを言いますが、最近Yさんとした仕事の話を思い出して、まるでそれを再現するかのようにここで話してみてもらえますか」

　Fさんは、先ほど移動させた椅子に座っている（と想定している）Yさんに向かって話し始めました。話が進むにつれ、段々と表情が険しくなっていきます。

　そして、いったん立ち上がってもらい、しっかり伸びをしながらリラックスして、Yさんの席に移動してもらいました。今度はまるでYさんになったような気分で、Yさんとして先ほどまで座っていたFさんの椅子に向かって、Fさんに話しかけるつもりで話してもらいました。ひとしきり話してもらった後で聞いてみました。

私「（YさんになりきっているFさんに向かって）Yさん、今、Fさんと話してみて、どんな気持ちがあります」

YさんになりきっているFさん「Fさんとの会話には、正直圧力を感じるんです」

私「というのは？」

YさんになりきっているFさん「これを言っていいのかな？とか、これを言ったら否定されるんじゃないかとか、これを言ったら怒り出すんじゃないかとか……」

私「どうして欲しいですか？」
Yさんになりきっているfさん「一度ちゃんと話を受け取って欲しい」
私「そうなんですね。受け取って欲しいんですね」
私「他には？」
Yさんになりきっているfさん「本音を聞かせて欲しい。何か無理しているようで、ちょっと虚勢を張っているようでもあり、大変な役目をされていることはわかっているので、その辺をもう少しぶっちゃけ伝えてくれたら……」

　Yさんの立場になって話してみたFさんは、あらためて気付きました。相手からはこういうふうに見えていたことを。そして、相手がそういうふうに感じていたことを。

　そして、もとのFさんの席に戻ってもらい、聞いてみました。
私「Fさん、今の会話で何に気付きましたか？」
Fさん「相手にはわかっているんですね。僕の虚勢が」
私「Yさんとしては、Fさんからどんな感じで話をしてもらいたいんでしょうか？」
Fさん「もっとぶっちゃけね。自分の弱いところまでもさらけ出してもいい」
私「そうしたらどうなりそうですか？」
Fさん「Yさんとしても、自分の考えや、本当の気持ちが言いやすくなる」
私「いいですね。自分をさらけ出すことに恐れはありますか？」
Fさん「ないと言えばウソですが、多分その方がお互いわかり合える」

私「やってみますか？」
Fさん「やってみます！」

　その後、Fさんは Y さんをはじめとするチームのメンバーとの会話でこちらから本音をさらけ出すことを始めました。そして、全員が集まる会議の場で、これまでの謝罪とこれまで親にも話したことがなかった、自分の弱い点や奥にある思いなどについての**自己開示**をしたそうです。チームのメンバーは、それを受け取ってくれました。中には、涙ながらに聞いてくれた人もいたそうです。

　その後のFさんの表情は、明らかに晴れ晴れとしたものに変わりました。チームの会議は良い意味で喧々囂々、侃々諤々となり、見込みのあるプロジェクトが複数立ち上がり、その1つひとつが成果を見せつつあると言います。それは、Fさんが真のリーダーとなった証でもあると思います。

　リーダーとはどんな存在か？　ということを Chapter1 などでお伝えしてきました。
　世の中のリーダーが意外に出来ていないことが、「自分をさらけ出すこと」。 弱い人間と見られたくないために、強いリーダーでなければいけないという使命感から、なかなかこれができないことが実際です。一方、相手の潜在意識は、目の前の人に、弱い部分や情けない部分、汚い部分をさらけ出すことによって、安心した状態となります。人は、わからないものには不安や恐怖を感じます。情けなかろうが汚かろうが、それを出されることによって、相手の潜在意識は安心するのです。そして、これがやがて相手を変えていくきっかけとなります。

大きな目的のために、そして自分との関係性のために、思い切って自分をさらけ出す人を、人は馬鹿にしたりはしません。むしろ、その人を「勇気ある人」とみなすでしょう。

自己開示の習慣は、私自身も、研修の場やコーチングの場でよく実践する習慣でもあります。

Column 2

チームの生産性を高めるカギ

　プロジェクト・アリストテレスは、2012年にグーグルが開始した労働改革のプロジェクトです。この中では、より生産性の高い働き方がどんなものであるかについて、膨大なデータを基に研究が行われました。

　そこで、チームワークに焦点を当てた分析も行われました。試行錯誤の結果、結論付けられたのが、「他者への心遣いや同情、あるいは配慮や共感」の重要性でした。このような下地があって、チームの中での発言量が、全員ほぼ差異のないチームが成功しやすいチームになることがわかったのです。

　大事なことは、チーム内に「何を言っても大丈夫」という安心安全の空気感があること。1人ひとりが、本来の自分を曝け出すことができる関係性があることです。だから、思い切った提案や自己開示なども普通に行われる。
　1人ひとりの潜在意識が安心して、ありのままでいることができるので、1人ひとりの潜在力がしっかり発揮され、チームとしての成果も高いものになるということなのでしょう。

Case Study
家庭編

03 「それは誰の問題か?」

✓ もっと勉強するようになって欲しい

　子どもに、将来のためにもちゃんと勉強して欲しいと思うのは、すべての親に共通することではないでしょうか? 一方、みなさんもおわかりの通り、「勉強しなさい!」と言われて、喜んで勉強する子どもはいません(親のこの言葉、嫌だったですよね)。そして、親の思いとは裏腹に、子どもたちはゲームやSNSに夢中になり、多くの時間を勉強以外に費やすということが現実です。

　では、なぜ子どもにちゃんと勉強して欲しいと思うのでしょうか?
「いい高校や大学に入れるから」
「将来の選択肢が広がるから」
「自分に自信を持てる人間になれるから」

　こんな思いもあるかもしれません。
「自分が学歴で苦労したから」
「自分がちゃんと勉強しなかったことを後悔しているから」
「子どもの出来が悪いと、親として恥ずかしいから」

　実に様々な思いが混ざっているのではないでしょうか?
　ここで考えていただきたいのは、もし、その子がちゃんと勉強しなかったら、どんな問題が発生するか? ということです。

「レベルの低い高校や大学にしかいけない」
「将来、満足のいく給料を得る可能性が低くなる」
「人生を楽しめない」
「人にバカにされる」
「親として恥ずかしい」

　そして、大切なことは、「それは誰の問題か？」ということを考えてみることです。それは、本当にその子にとっての問題でしょうか？ それとも、親自身の問題なのでしょうか？

　様々な思いがある中で、「自分の優秀性を示したい」というような、親自身の問題のために「子どもを勉強する子に変えたい」という思いが強い場合が出てきます。これが強くなると、親の子どもに対しての"コントロール感"が強くなり、子どもが親の思いを満たすための、肩代わりの道具と化してしまいます。

　ひどいときには、子どもが親のリベンジの道具と化してしまうこともあります。「私が入れなかった〇〇大学に、是が非でも自分の子どもを合格させたい」という思いから、子どもが望まないスパルタ教育になるような場合です。アドラー心理学的に言うと、**「人を人として見る」ではなく、「人をモノ（道具）として見る」という状態です。**

　これらは、教育が「子どものため」よりも「親自身のため」になっている状態であり、「子どもの気持ち不在の教育」でもあります。

　もうみなさんおわかりのように、こういう意図でのコミュニケーションでは、子どもの意識の潜在意識の境目は、親からの教育についてのアプローチに対し、ガチガチのブロックをかけてしまいます。**子どもの潜在意識が、そういう意図の強い親のアプローチに安心安全を感**

じないのです。意識ではそういう親の意図を感じていない場合でも、潜在意識はしっかりとその意図を読み取ります。

これでは、自分から勉強するような状態にはなりにくい。仮に受験のときや親の監視下ではしょうがなく勉強しても、それ以外ではしないという状態になります。

あなたが、親の立場、教師という立場、チームメンバーに練習を積んで欲しい指導者やキャプテンの立場、仕事のスキルを上げて欲しい上司の立場などにある場合、ぜひ自分に問いかけて欲しいのは、「これは誰の問題か？」ということです。スポーツチームや仕事のチームの場合は、目の前の相手とチームのためなのか、それともあなた自身のためなのか、ということです。

そして、その人を「人として見ているのか？」、自分の目的や欲求を満たすための「モノ（道具）として見ているのか？」ということです。仮に、モノとして見ている場合、大事なことは、モノとして見ているということに気付くことです。またそうであっても、モノとして見ていた自分にダメ出しをせず、気付いた自分を承認してみてください。

承認したら、「相手にとって大切なことは何か？」を考えながら、相手への承認と傾聴を持って、「どうしたらいいと思う？」というような目的論の質問をしてあげるのです。そして、良いタイミングで、「本当はどうしたい？」と聴いてみるのです。

相手と一緒に、「勉強＝快」、「練習＝快」をどうつくっていくかの工夫を話し合ってみるのも良いでしょう。特に、**子どもの頃に『勉強＝快』の方程式が染みついた人間は、勉強が一生の習慣になっていき**

ます。スポーツや楽器などの練習も同様です。「練習＝快」になった人は、暇さえあれば練習するようになります。よく言う「練習の虫」というタイプの人は、練習が快で、楽しくて仕方がないのです。こうなれば、勉強にせよ、運動や音楽や仕事のスキルにせよ、自然とレベルアップしていくことになります。

　私は朝、小学生の子どもたちと一緒にジョギングをします。これが習慣になるまでは、嫌がる日も出てきます。ここで大事なのは、無理やり走らせる前に、問題というか、毎朝走ることのメリットを考えてみることです。会話はこんな感じになります。

私「何で今日走るのが嫌なの？」
息子「寒いから」
私「運動については、どうなりたいのかなあ？」
息子「水泳が上手くなりたい」
私「水泳が上手くなるには、どんなことが大事？」
息子「キックが強くなること」
私「毎日ちゃんと走ることは、それにとってかなり重要だと思うけどどう？」
息子「でも、今日１日ぐらいはいい」
私「そうか、お前がそのために今日も走ろうと思うなら、一緒に走ろう」
息子「……」
私「パパは構わないよ。パパは、毎日走ることが自分の健康に大事だと思っているから、今日も走る」
息子「……」
私「お前には水泳が上手くなって欲しいと思うけど、上手くなるかは

お前次第だから、自分で決めたらいい」

　大事なことは、「自分で判断してもらう」ことです。こういう決定を相手にしてもらうアプローチを根気よく繰り返していると、子どもの自主性というものが徐々に芽生えてきます。そして、内発的モチベーションが湧きあがってくると、しっかり習慣化していきます。ここでも、根底にあるのは「お前は本来、水泳も上手くなれる存在」という承認。ここが大事なのです。

　また、こういうアプローチをしても、走らない日はあります。もし走らなくても、「それは息子の問題」として、キッパリと自分の問題と分離させます。ただ、**「本当にやりたいことについては、全力で応援するよ」**という勇気付けの姿勢を持ち続けることで、子ども心は動いていきます。

Column 3

天才の育て方

　天才が育つ秘密についてのある研究があります。天才ピアニスト、天才スケーター、天才棋士など、「天才が育つ環境とはどんな環境か？」についての研究です。

　研究結果として浮かび上がったことは、子どもの頃、最初に習った先生に共通点があるということです。その共通点とは、プレイヤーとして凄い実績のある先生であるということでもなく、指導者としてカリスマのような先生であるということでもありませんでした。

　それは、**「楽しくやることを教えてくれた先生であること」** だそうです。

　ピアノであれば、『ピアノ＝楽しい＝快』という方程式を、習い始めの段階で、しっかりとインプットしてくれること。このインプットが最初にあれば、それは一生の土台として定着します。元々才能溢れる子どもが、この方程式を身に付けると、『練習＝快』となり、放っておいても練習するようになります。このことにより、圧倒的な練習量を自然にこなすようになります。

　反対に、いくら才能があっても、最初にスパルタ式の指導を受け、「ピアノ＝つらい＝苦」という方程式が出来上がってしまうと、「練習＝苦」となり、頑張って、頑張ってピアノを続けることになります。それでもそれをたくさんの量で続けると、やがて、バーンアウトとい

う状態を起こしてしまうのです。

　反対に最初に、「ピアノ＝楽しい＝快」の方程式が定着した子どもは、思春期などにスパルタ式の猛練習の環境に入っても、燃え尽きることなく成長していきます。なぜなら、「ピアノ＝楽しい＝快」が基本にあり、そのスパルタ式を「自分のレベルを次のステージに持っていくことに必要」だと、普通に受け入れることができるからです。
　これは、勉強についても同じですね。

04 影響力から関係性へ

✓ 諦めないで欲しい

　Hさんは30代の女性。Hさんのお父さんは、70代後半で足腰が弱り、半年ほど前から車椅子の生活が続いていました。医者からは、まだ歩ける可能性があると言われているものの、お父さんはリハビリを続けることが苦痛で、半ば投げやりな取り組みが続き、いつしか止めてしまっていました。

　Hさんは、若い頃あんなに活動的で、エネルギー溢れる人だったお父さんが、年老いて、毎日を力なく生きている姿を見るのが辛かったと言います。そのため、忙しい仕事の合間を縫って、お父さんのいる施設にできるだけ赴き、リハビリを再開することを勧めました。
　しかし、お父さんの投げやりな態度は続き、何度も口論にまでなったそうです。そして、その度に、寂しさとやるせなさが募っています。

　それでも何とかお父さんの役に立ちたいと、Hさんが学び始めたのが、コーチングでした。傾聴と承認という大事な基礎から、NLPをはじめとする様々なテクノロジーなども学びました。
　そんな中、ある日のお父さんとの会話の中でこんなことが起こりました。

Hさん「お父さん、最近調子どうなの？」

父「……（ちょっと首をひねるだけ）」

Hさん「そっか、そんな感じなんだ」

Hさん「ところで、お父さん、若い頃いろんなことやってたよね。特に好きだったものってなあに？」

父「……」

Hさん「登山とか……」

父「……ああ、登山も好きだったし、水泳も好きだったし……」

Hさん「特に最高だと思った瞬間は？」

父「……ああ、まだ小さかったお前を連れて、伊豆に海水浴に行ったときかなあ……」

（お父さんの表情が、どんどん変わっていきます。）

Hさん「へー、そうなんだ。いつ頃のこと？」

父「お前が2つぐらいの時かなあ。浅瀬で浮き輪の中に入ったお前を引っ張ってやった時、キャーキャー言ってすごく喜んでいた」

Hさん「私は全然覚えていないけど、お父さんに覚えててもらってうれしいな」

父「……（ゆっくりと微笑む）」

Hさん**「ねえ、お父さん、もし足がよくなったらどうしたい？」**

父「……そうだなあ」

Hさん「うんうん」

父「○○（3歳になるHさんの娘の名前）と手をつないで、キレイな海岸を一緒に散歩したいな」

Hさん「うん。手をつないでね」

Hさん「どこの海岸がいい？」

父「ああ、昔お前を連れて行った下田の海岸」

Hさん「どんな風景が目に浮かぶ？」

父「風景もいいけど、○○のはしゃぐ顔が見たいな。俺の手を引っ張るようにしながら」

Hさん「見れるよ、きっと」

　この後、お父さんは自分からリハビリの再開を施設に申し出て、少しずつ始めていったそうです。そして、何と3か月後には、杖なしでも歩けるまでに回復したのです。さらに数か月後には、愛する娘孫と、下田の海岸を楽しそうに一緒に散歩するお父さんがいました。それを眺めているHさんは、感慨無量だったと言います。

　傾聴や承認を理解する前のHさんは、お父さんに対し、"べき論"で説得しようとしていました。リハビリを拒否するお父さんにダメ出しし、「こうするべきだ」という口調で、何とか父親が変わってくれるのを期待しながら、話を続けていました。
　お父さんとしては、娘からダメ出しされる情けない自分と、力溢れる若い頃の自分とのギャップに苦しみ、さらに殻を閉ざさざるを得なかった訳です。

　一方、先の会話では、深い承認を基に、お父さんの可能性を信じるHさんがいました。そして、お父さんの「快の感情」も高まっていきました。その中で、お父さんを大きく変えるきっかけとなった質問が、「もし足がよくなったらどうしたい？」でした。これまでお伝えしているように、これはコーチングの中でも最も大事な「本当はどうしたい？」という質問です。

　しかもこの場合、「足が良くなる」という前提の上に「どうしたい？」と聞いています。ここが今までのアプローチとは大きく異なる

点です。今までは、足がよくなることが目標で相手を説得していました。しかも、快の感情が伴わない"べき論"です。もちろん、Hさんにしてみれば、お父さんのことを娘として真剣に考えて、一生懸命にやってきたことに変わりありません。しかし、"べき論"のアプローチでは、お父さんは変わらないどころか、ますますガードを固める結果となってしまっていたのです。

この「もし足が良くなったらどうしたい？」の質問では、足が良くなることは、通過点に過ぎません。 意識は、その先のやりたいことや、起こしたい未来にあります。そして、それらをイメージしたときに起こる、ワクワクの感情や、快の感情で一杯になっています。

ただ単に、足が良くなって歩くことをイメージしているのと、可愛い孫娘と至福の時を過ごすことをイメージしているのとでは、お父さんの**内発的モチベーションの火の付き方に圧倒的な違い**があります。この違いが、お父さんをリハビリの再開に突き動かし、通過点である足の回復をいとも簡単にやってのけたのです。そして、お父さんの無限の可能性が、再び歩くことを可能にしたのです。

受験を迎える子どもに、「受かりたかったらしっかり勉強しなさい！」と言いたくなる気持ちを抑え、「受かったら何をしたい？」と聞いてあげること。「ピアノをしっかり練習しなさい！」と言うよりも、「この曲が上手に弾けるようになったら、一番誰に聞かせたい？」と聞いてあげることなど、様々な面で応用が効くアプローチとなるでしょう。

05 先手必勝の習慣

✓ もっと心の距離を縮めたい

　ほとんど毎日顔を突き合わせているのに、会話は用件や依頼についてだけが中心。本音のところはお互いわかっていないかもしれない。もっと距離を縮めたいのに、お互い何となく毎日が過ぎる。あなたには、こんな関係の人がいませんか？

　夫婦の間であったり、思春期の子どもとの関係であったり、上司部下の関係であったり、「もっと心の距離を縮めたい」と思いながらも、関係が希薄になっている感じがする状態が続くことがあります。

　例えば、夫婦の間で交わされる会話が、
「○○の件、決めてくれた？」
「△△早くやっておいて」
　などの要件ベースばかりで、かつてあったような雑談やお互いの趣味の話、そして気持ちの共有などは、ここ数年交わした覚えがない。ましてや、甘い会話など、遥か記憶の彼方に消えている。思春期の子どもからも、まさに「めし」「風呂」「寝る」というような言葉しか聞こえてこない。
　こんな状態は良くないと思いながらも、どうしていいのかわからない。

これらは、近い関係だからこそ起こりやすい問題でもあります。**近い関係であるがゆえに、相手に期待することのバー設定も高い。**

　自分では気付かないうちに、相手への甘えや、依存が起こっているかもしれません。

　期待が高かったり、甘えがあったりすると、気付かないうちに起こっているのが、相手に対し「このくらいことは、わかっているだろう」とか、「こういうことぐらいは、してくれるはずだ」というような感覚です。

　そして、相手が期待通りに動いてくれないと、それは不満や怒りになります。つまり、お互い相手からのアクション待ちになりやすく、期待値が高いがために、そのアクションについての不満足も起こりやすくなっているのです。

　ここでも、まずは基本に戻ります。相手への承認です。近い関係の人には、可能性の承認はもちろんですが、より相手の存在への承認を意識してみるというのが大切です。**近い関係だからこそ、相手も日頃からの承認が欲しいのです。**存在への承認をしっかり持ち続けると、自然に感謝の気持ちも増してきます。この承認から感謝という流れが、とても重要です。

「当たり前」と「感謝」

　ところで、「感謝」の反対は何でしょうか？

　そう、**「当たり前」**です。当たり前だと思っていることには、感謝の気持ちは湧いてきません。

「毎日太陽が昇って当たり前」

「蛇口をひねれば、飲み水が出てきて当たり前」

「時刻表通りに電車が来て当たり前」

「妻たるもの、ご飯を作るのは当たり前」

「夫たるもの、お金を稼いでくるのは当たり前」

「部下たるもの、指示にちゃんと従うのが当たり前」

　その昔、真冬にカリフォルニアの山中で行われた10日間のネイティブアメリカンサバイバルキャンプに参加し、1人用のテントの中で凍え死にそうになったとき、朝、太陽が昇ってくれたことに心から感謝しました。

「この蛇口を持って帰りたい」
　日本に来ていたあるアフリカ人の留学生が、日本の水道の水を飲んでこう言いました。

　数年前、2週間に渡るイタリア旅行から帰って来たとき、日本の電車が分刻みで正確に駅に現れてくれることに、あらためて感動しました。

　当たり前と思っていたことが、当たり前ではないと気付いたときに、感謝の気持ちは生まれます。
　家事や仕事をこなしながら、毎日のご飯を作ってくれるのは、当たり前でしょうか？　ストレスやプレッシャーを抱えながら、家族のためにお金を稼いできてくれるのは、当たり前でしょうか？　様々な思いや不安、不慣れなこともある中で、指示したように動いてくれるのが当たり前でしょうか？

近い関係ほど、この相手に対する「当たり前」の感覚が起きやすいのです。相手を承認し、感謝の気持ちが起こることによって、あなたの言葉が相手の潜在意識にさらに届くようになります。

　そして、近しいがゆえに、当たり前の感覚が起きやすい関係だからこそ、ぜひしていただきたいのは、**"先手必勝"**です。
　感謝するのも先手必勝。「ありがとう」の声をかけるのも先手必勝。相手に「これぐらいのことはやってくれるだろう」という気持ちがあるならば、逆に同じように相手が思っているだろうあなたへの期待を、先手必勝で先に満たしてあげる。もし、妻が仕事をしながら、子育てや家事に追われていたら、何も言わずに朝食後のお皿を洗ってあげる。これも先手必勝です。部下がつらそうな表情をしていたら、「大丈夫か？」と声をかけてあげる。これも先手必勝。

　しかし、「こっちにもそんな余裕はないんだけど」と言う人もいるかもしれません。そして、「何かいつも自分からやるのは、しゃくだな」という気持ちもあるかもしれません。
　例えば、私も皿洗いをするときに「忙しいのに、こんなことやっている場合か！」と思いながら、皿洗いをしていました。こんなふうに思いながらやっていると嫌になります。嫌になるどころか、妻に対する怒りさえ出てくる始末。
　こういう困ったときは、コーチである私自身もコーチングを受けたりします。このときは、皿洗い中にセルフコーチングをしてみました。

　まずは、皿洗いをしながら怒りが込み上げている自分の位置から数歩先の位置まで移動します。移動したら、手足をブラブラさせながら

リラックスしてみます。そして、先程皿を洗っていた自分がいたところを、まるで怒っている自分がそこにいるような感覚で見てみました。怒っている自分を外側から客観的に見る感じです。怒っている自分のビデオを見るような感じでもあります。

　そんな感じで見てみると、すぐに自分の中に浮かんできた言葉が……
「どうせ皿洗いに時間を使うのなら、"今はこれをやることが大切なんだ"と思ってやればいいのに」という言葉でした。怒っている自分を外から見てみると、せっかくの時間を愚痴をこぼしながら、しかもそれによって怒りまで起こしている自分が滑稽で仕方なかったのです。

たかが皿洗いでも、前向きな気持ちで取り組むと相手が変わる

それからは切り替えてみました。皿を洗うときも休日に掃除機をかけるときも**「今はこれをやっている場合だ！これをやることが最高の未来をつくるんだ！」**と思いながらやる習慣を付けてみました。

　すると、不思議なことにそれまでイヤイヤやっていた家事も、淡々とルーティンをこなすようにできるようになりました。「家族に貢献している」とか「自分の未来に貢献している」という感覚さえ湧いてくるようになりました。

　そんな感じになってくると、仕事がかなり詰まっているときも、締め切りに追われているときも、良い意味で"やって当たり前"という感覚で皿洗いをしている自分がいます。リフレッシュして仕事に取り掛かることができる、良いテンポの１つになっている感じさえあります（私は自宅で仕事をすることも多いので）。

　さらには、こうした習慣が付いていくにつれ、妻からは不満の表情がどんどん減っていきました。そして、自然と明るい会話が増えていくのです。

　先手必勝をこちらから続けることで、相手の心も開き、潜在意識の受け入れも進み、やがては相手からの働きかけが始まります。大事なことは、相手の態度の変化や、相手からのリアクションがあまりなくても、「こっちがこれだけ先手必勝をやっているのだから、呼応するのが当たり前だろ！」とやらないこと。これは、本当の承認ではありません。相手を本当に承認し、信じることができれば、先手必勝を続ける習慣ができてきます。

　先手必勝を続ける習慣は、相手が持っている当たり前の心をこちらが先に満たしてあげる習慣でもあります。相手が当たり前と思っていることでも、実のところ、実生活の中ではそれらが当たり前に満たさ

れることは意外に多くありません。それをあなたが先手必勝でどんどん満たしてあげれば、やがて相手は、それらが感謝すべきことであると気付くのです。そして、相手の態度は自然に変わっていきます。この習慣が相手が変わっていくことの第一歩につながり、その先にお互い腹を割って話すことのできる関係性が築かれていくのです。

Column 4

イチローは俯瞰の習慣を持っていた

　皿洗いのとき、私が行ったセルフコーチングが「俯瞰」。悩んでいるときなどの自分自身を、外側から見てみるというやり方です。

　ヤクルトと日本ハムで活躍し、2,000本安打を達成、WBCの日本代表として4番を務めた稲葉篤紀という選手がいます。稲葉選手は愛知県出身で、同郷のイチロー選手の1歳上。イチロー選手とは少年の頃からお互いを知っていたという仲です。
　稲葉選手が現役を引退した年、あるテレビのニュース番組のスポーツコーナーで、フロリダマーリンズのキャンプに入っているイチロー選手を、稲葉選手がインタビューするという企画がありました。

　しかし、始まってみると、頻繁に質問していたのは、稲葉選手ではなくイチロー選手の方でした。その中で、イチロー選手から稲葉選手への質問の1つが、稲葉選手の引退のきっかけについてでした。
　稲葉選手の答えは、40歳を超えた年齢になって、自分の体力の衰えとともに若い選手に追い越されていく現実を、どんなにあがいても克服しようがないことを痛感したことでした。そこでのイチロー選手の質問が実に興味深いものでした。

　それは、「あがいた後に、ふっと抜けてみてやったってことはないですか？」という質問。
　これは、思い詰めた後に、一度自分を俯瞰して見てみたか？　という質問だったのです。稲葉選手の答えは、「それができなかった。も

うずっと思い詰めちゃった」という答え。

　このとき私は、「イチロー選手は自分を俯瞰する習慣を身に付けているな」と正直驚きました。
　イチロー選手にもスランプや世界のトッププレイヤー特有の悩み事はたくさんあると思います。彼は悩んだり苦しんだりしているとき、この俯瞰の習慣を活用して、克服の手掛かりを得ているのだと推測できます。これもイチロー選手が20年以上もの長きに渡り、世界の第一線で活躍し続けている秘訣の1つなのではないかと思います。

06 後輩を一人前に育てる

✓ さらに成長して欲しい

　人は日々成長するために生きています。人の成長を支援しようとするとき、成長にも段階があって、その段階によって必要なことがあるというのを知っているということは大切です。

　社会人で言えば、新入社員に対しては、社会的マナーから、社会人としての心構えなど、非常に基本的なことを覚えてもらう必要があります。業務においても、一から覚えなくてはいけないことは山ほどあり、早く一人前になってもらうためには相当な投資が必要です。そのため、最初のうちは教えること（ティーチング）が多くなり、徐々に考えて行動することを促すスタイル（コーチング）にしていくことが良い流れです。

　社会人5年目のNさんは、同じ課に所属する2年目のIさんの教育を、課長から任されていました。Iさんの1年目は、おせじにも素晴らしいとは言えないものでした。遅刻はする。指示した業務がちゃんとできない。お得意さんからクレームが出る。教育担当としては、苦労の連続、Iさんを居酒屋で終電の時間までずっと説教をしていたことも数知れずという状態でした。

非常に真面目な性格であるNさんは、「Iさんを一人前に育てる」というミッションを地道に取り組みました。IさんもNさんの愛情溢れる指導に、日々社会人としての様々な"目覚め"を経験していきました。その甲斐あって、2年目を迎えたIさんは、社会人としての基礎をしっかりと身に付けた存在となっていました。もう遅刻もありません。

　Nさんは、Iさんがさらに一人前に成長してくれるために、自分が何ができるかを考えていました。Nさんの会社の企業研修を行っていたとき、参加していたNさんは、休憩時間中にそのことを私に相談しに来てくれました。私は、Nさんに詳しい状況を聞かせてもらい、Nさんにアドバイスをしたのが「モデリング」というものでした。

　その後Nさんは、Iさんとこんな会話をしたそうです。
Nさん「I君の2年目の課題は何だと思う？」
Iさん「そうですね。お得意さんにもっと深く突っ込んでいきたいですね」
Nさん「そのために大切なことは？」
Iさん「知識やスキル的なこともありますが、その前に気合いですね」
Nさん「と言うと？」
Iさん「Nさんと一緒に訪問しているときはいいのですが、1人だとやはり少しビビッてしまうことがあるんです」
Nさん「そうなんだ」
Iさん「はい。これを何とかすれば、さらに一歩進めるかと……」
Nさん「ところでI君、尊敬する人とか、憧れる人とかいるの？」
Iさん「もちろん、Nさんです」
Nさん「それはいいとして、ちょっと考えてみて」

Ｉさん「僕は学生の頃から司馬遼太郎の小説が大好きなんです」
Ｎさん「おお、そうなんだね」
Ｉさん「その中でも、特に『竜馬がゆく』の坂本龍馬が大好きです」
Ｎさん「どんなところが？」
Ｉさん「肝っ玉の太さ。薩長同盟のシーンなんか最高です」
Ｎさん「それだ！」
Ｉさん「何ですか？」
Ｎさん「これからキミは、ウチの課の坂本龍馬だ！」
Ｉさん「えー！？」
Ｎさん「Ｉ君は、体格的にも坂本龍馬のようにでっかくて、基本的に度胸もある。坂本龍馬がこれからのＩ君のモデルだ」
Ｉさん「モデル？」
Ｎさん「そう、モデリングと言って、まるでその人になったように振る舞っていると、どんどんそのモデルの感じに近づいていくんだよ」
Ｉさん「面白そうですね。坂本龍馬なら、やる気になるな」
Ｎさん「よし、まるで自分の中に坂本龍馬がいるとイメージしてみて」
Ｉさん「してみます」
Ｎさん「坂本龍馬の気概とエネルギーが、身体の中に溢れている」
Ｉさん「最高ですね」
Ｎさん「"自分が坂本龍馬だ"とイメージするのと、"坂本龍馬が自分の身体に入って来てくれている"とイメージするのと、どちらがしっくり来る？」
Ｉさん「"一緒にいてくれている"の方ですね」
Ｎさん「それで行こう！ 普段から坂本龍馬が一緒にいてくれると感じるのはもちろん、それによって、自分自身がどんどん坂本龍馬のようになっていくというイメージを持ち続けるのがいいよ。Ｉ君なら、

できるよ」
Ｉさん「坂本龍馬のようにお得意さんに食い込んでいくのが、何かイメージできてきました。最高です！」

　この後、数か月後には、Ｉさんの雰囲気が変わってきたそうです。
　Ｎさんは、Ｉさんがダメ新人だった頃からずっと面倒をみてきました。しかし、Ｉさんのダメな状態には注目せず、Ｉさんの可能性とその存在の素晴らしさを承認し続けてきました。その結果、２年目にはＩさんは、同期の中でも「しっかりした男」と認められる存在にまで成長しました。
　Ｉさんの成長の第２段階として、Ｎさんがトライしたのが、この「モデリング」です。これは、取り組みへの相手の同意が必要ですので、お互いの関係性がしっかり出来てからのアプローチとなります。そして、そのモデルとする人物が相手に適しているかどうかをしっかり見極める必要があり、普段からその人をよく見てあげていることも肝心です。これらをしっかり整えて、一緒に歩めば、目の前の相手は、さらなる変化を見せていくでしょう。あなたの貢献度合いも、さらにレベルアップしていきます。

Column 5

モデリング

　モデリングは、メンタルコーチングのセッションなどでもよく行うものですが、スポーツの世界などでも多く取り入れられています。

　テニスエリートを養成するあるアメリカのテニススクールなどでは、まずスクールに入ってきた子どもに、たくさん球を打たせます。フォアハンド、バックハンド、サービス、リターン、ボレーなど、一通り打たせ、その子の個性を観察します。それを観察したコーチ陣の協議の結果、モデルとなる選手を決めると言います。

　例えば、モデルがピート・サンプラスと決まったら、その子に「お前はピート・サンプラスだ！」と伝え、合意を得たら、最初のうちはサンプラスのビデオをずっと見せ続けるそうです。そして、サンプラスになりきった状態で練習をし、サンプラスになりきった状態で試合をすることを繰り返すそうです。

　頭の中がサンプラスの映像とイメージでいっぱいなので、不思議とフォームやプレイスタイルも似てくるそうです。そして、何よりも大きいのは、自信を持ってプレイすること。試合中ピンチを迎えたら、「サンプラスだったら、ここでどう考える？」、「サンプラスだったら、ここでどう行動する？」のコーチの質問に応えて、自分で考え、自分で試合を組み立てるようになると言います。
　これは、個々の個性と自主性を育てる1つの優れた方法です。

おわりに

　人への貢献を感じるとき、人は大きな幸せを感じます。人に役立ったという充実感、人から「ありがとう」を言われることの感動。これらは、何よりも人の内発的モチベーションを刺激してくれるものです。

　マサチューセッツ大学のシュワルツ博士らの研究によると、いい家やいい車を手に入れるなどの物質的な幸福感は、プレッシャーやストレスによる不幸感に見舞われると、すぐに消え去ってしまうそうです。一方、**人に貢献したときに得られる幸福感は、たとえプレッシャーやストレスによる不幸感がある状況においても失われることなく、幸福感が保たれる**ということもわかっています。

　人に貢献する、人に役に立つことで得られる幸福感は、それほど強く、それほど持続性のあるものなのです。そして、あまりハッピーではないことに直面しても、これらのことが心の下支えをしてくれる、つまり、これらの幸福感がストレス社会である現代に必要とされる「しなやかな心（レジリエンス）」を養成してくれるということでもあるのです。

　また、人の脳は利他の気持ちで考え、行動しているときに最も活性化するということも現代の脳科学で証明されています。相手に対して深い承認感を持ち、相手をコントロールしようとするのではなく、相手に役に立つ、貢献するという利他の気持ちで接するとき、相手の潜在意識は、安心安全を感じ、変化への扉を開きます。そして、同時にあなたの脳や潜在意識も最も活性化された状態となるでしょう。

　否定やレッテル貼りは力を生みません。承認と受容が相手の本来の

力を引き出すことにつながると同時に、あなた自身の潜在力発揮と幸福感にもつながるのです。

　この本をここまで読まれたあなたは、「相手を変える習慣力」を身に付ける準備がすでに整っていることでしょう。さあ、**これからは、「知っている」を「やっている」にするステージが始まります。**
　日々のゴールは、達成可能な「小さなゴール」をぜひ設定してください。それを日々1つずつ達成していくことによって、あなたの中の自己承認も高まり、相手を承認する力も同時に養成されていきます。自分と相手の可能性と本来の偉大なる姿、そして最高の笑顔を想像しながら実践を続けてみてください。
　習慣の実践は、小さな自己承認を日々粛々と積み上げ、あなたの自己肯定感の土台を築き上げていく活動でもあるのです。

　毎日1％、いや0.1％ずつでいいのです。これだけでも、**「知っている」に留まる人と「やっている」に向かう人の差は、やがて途方もなく大きなものになっていくでしょう。**そして、日々それを繰り返すあなたは、支援者・応援者としての存在感を着実に増し、まわりのみなさんに、そして社会に貢献する存在になっていくことでしょう。

　この本を読まれたあなたには、その可能性があることを確信しています。なぜなら、その力はすでにあなたの中に存在しているのだから。
　あなたは力です。力の結晶です。

　ここにあらためて、この本を手に取っていただいたあなたとのご縁

を、深く感謝させていただきます。「相手を変える習慣力」をあなたの中で、本物にしていくためにも、自己への承認と他者への承認というものをさらに深く浸透させていくためにも、何度も繰り返し読んでいただくことをぜひお勧めします。

そして、また様々なかたちで交流し、様々な機会にお会いできることを楽しみにしています。感想や、実践してみての成果などを、もしよろしければ、ぜひ shomamiura@gmail.com まで直接お伝えください。お礼のお返事もさせていただきたいと思います。

また、私が代表を務める株式会社チームダイナミクスでは、「月曜の朝、元気に仕事に向かう人たちをこの社会に増やす」を存在目的に、企業様の人材育成や組織開発のお手伝いをしております。人材育成でのお悩みや、研修などについては、ウェブサイト http://www.teamdynamics.co.jp をご覧になり、ぜひご連絡ください。お役に立てることを心待ちにしております。

最後に、今回も、多くの方々との有り難いご縁により、この本の出版に至ったことを心から感謝いたします。

前著『自分を変える習慣力』の出版のわずか5ヵ月後に、その続編『相手を変える習慣力』を世に送り出すことができたのも、私という人間を承認し、応援し続けていただいた関係者のみなさまと、読者のみなさまのおかげに他ありません。

前回同様、今回も特別に編集者としても深く関わっていただいた、クロスメディア・パブリッシングの小早川幸一郎社長に深く感謝申し上げます。そして、いつも販売にご尽力いただいている竹内悠一郎さ

ん、大沢卓士さん、長谷真治さん、金井紅実子さん、PRにご尽力いただいている瀧澤真弓さんに感謝いたします。クロスメディア・パブリッシングのみなさんの、温かく、そして、プロフェッショナルな姿勢にいつも刺激を受けています。

　私のコーチングの師である平本あきおさん、宮越大樹さん、アドラー心理学の師である岩井俊憲さん、そして、NLPの師である山崎啓支さんにも、心から感謝をお伝えします。みなさんからの教えは、今回もこの本の中に深く反映されています。本当にありがとうございます。

　大嶋朋子さん、富樫佳織さん、堀江裕美さん、セットユウイチさん、堂山祐弥名さん、宮脇小百合さん、武田早苗さん、山内柳子さん、花島孝夫さん、山田覚也さん、山田葉月さん、橋本幸恵さん、関口寿子さん、渡邉純子さん、野呂亜紀子さん、仁平覚子さん、仁平桃子さん、阿部恵理子さん、西村誠吏さん、浦野隆さん、安藤司さん、加藤大さん、小林正伸さん、小林朋子さん、反町智孝さん、中嶋裕則さん、小林美香さん、勝浦清貴さん、山川正員さん、森元佐依さん、番所嘉基さん、板野司さん、住福純さん、有江健彦さん、山本かな美さん、佐々木繁範さん、小林一光さん、中田久美子さん、原潤一郎さん、松尾英和さん、松井裕志さん、山崎未奈子さん、岩崎イチローさん、岩崎クレアさん、浅井浩一さん、池田崇さん、井上将之さん、飯塚まりさん、栗木千恵子さん、齋藤靖之さん、槇秀樹さん、井鍋瑞穂さん、伊藤栄祐さん、富取愛さん、大川博さん、大平信孝さん、藤由達蔵さん、中島輝さん（順不同）に心から感謝いたします。
　みなさんからは、いつも多大なる勇気をいただいております。私が、一歩一歩でも前に進むことができるのは、みなさんのおかげに他

ありません。

　また、この文面には書き切れないですが、貴重なご縁をいただいて、様々なかたちでお付き合いをいただいているすべてのみなさまに心から感謝いたします。

　そして何よりも、この本を手に取って、読んでいただいたみなさまに心から感謝いたします。この本がみなさまのお役に立つことを切に願っております。そして、講演や、研修、コーチングなど、何かのかたちでお会いできることを心から楽しみにしております。ご縁に感謝です！

　最後に、この書を我が尊敬する妻に、最愛の息子と娘に、そして、私に多大なる影響を与えてくれた母に、そして今は亡き父に捧げます。

　最後までお読みいただき、本当にありがとうございました。

三浦将

【著者略歴】
三浦 将（みうら・しょうま）

人材育成・組織開発コンサルタント／エグゼクティブコーチ
英国立シェフィールド大学大学院修了（理学・経営学修士）
株式会社チームダイナミクス代表取締役
「コミュニケーションの質が企業を変える」という観点から、アドラー心理学やコーチングコミュニケーションを基にした独創的かつ効果的な手法で、企業の人材育成や組織開発をサポート。参加者に「できればもっと早く受けたかった！」と言わしめるコミュニケーション研修は、実に100％のリピート受注率を誇る。習慣化の専門家として、研修後における研修内容の習慣化、定着化の実績にも定評がある。「月曜の朝、元気に仕事に向かう人たちをこの社会に増やす」を存在目的に、コンサルティングや企業研修を行う、株式会社チームダイナミクスの代表取締役を務める。また、習慣力やモチベーションなどのテーマを始めとする講演や、大学のゲスト講師なども精力的に取り組んでいる。
株式会社チームダイナミクス ウェブサイト　http://www.teamdynamics.co.jp
メールマガジン：底力発揮へのパスポート　http://www.reservestock.jp/subscribe/24613
ブログ：底力を発揮させる成功コーチング　http://ameblo.jp/lifecoach1

相手を変える習慣力
（あいてをかえるしゅうかんりょく）

2016年5月1日　初版発行

発行　株式会社クロスメディア・パブリッシング
　　　　　　　　　　　　　　　　　　発行者　小早川 幸一郎
　　　　　　〒151-0051　東京都渋谷区千駄ヶ谷4-20-3 東栄神宮外苑ビル
　　　　　　　　　　　　　　　　　　http://www.cm-publishing.co.jp

発売　株式会社インプレス
　　　　　　〒101-0051　東京都千代田区神田神保町一丁目105番地
　　　　　　　　　　　　　　　　　　TEL（03）6837-4635（出版営業統括部）

■本の内容に関するお問い合わせ先　……………………………　クロスメディア・パブリッシング
　　　　　　　　　　　　TEL（03）5413-3140／FAX（03）5413-3141
■乱丁本・落丁本のお取り替えに関するお問い合わせ先　…………………　インプレス カスタマーセンター
　　　　　　　　　　　　TEL（03）6837-5016／FAX（03）6837-5023／info@impress.co.jp
　乱丁本・落丁本はお手数ですがインプレスカスタマーセンターまでお送りください。送料弊社負担にてお取り替えさせていただきます。但し、古書店で購入されたものについてはお取り替えできません。
■書店／販売店のご注文受付　………………………………………　インプレス 受注センター
　　　　　　　　　　　　TEL（048）449-8040／FAX（048）449-8041

カバー・本文デザイン　安賀裕子（cmD）　　印刷・製本　中央精版印刷株式会社
ISBN 978-4-8443-7473-2 C0030　　©Shoma Miura 2016 Printed in Japan

この本を読んだ方にお薦めの1冊

コーチングのプロが教える、
潜在意識を味方につける方法

自分を変える習慣力
三浦将（著）　定価：1380円（税別）

この本を読んだ方にお薦めの1冊

トレーニング、栄養学、メンタルタフネス、脳科学から
ベストパフォーマンスを引き出す決定版

強いカラダ・ココロ・アタマをつくる
はたらく人のコンディショニング事典

岩崎一郎／松村和夏／渡部卓（監修）
定価：1480円（税別）

この本を読んだ方にお薦めの1冊

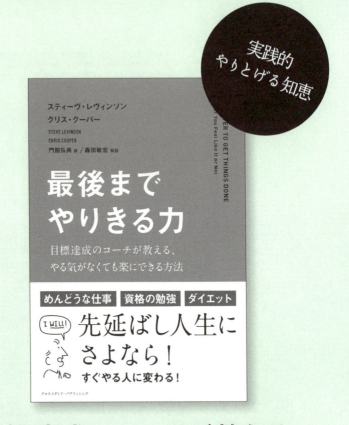

目標達成のコーチが教える、決意を確実に行動につなげ、最大の成果をあげる方法

最後までやりきる力
スティーヴ・レヴィンソン, クリス・クーパー（共著）／門脇弘典（訳）／森田敏宏（解説）
定価：1380円（税別）